Mit besten Wünschen
für Frau Bernadett Röhre

Theo Keller
27. August 2006

Ich will all die falschen Gärten verlassen
und meine Füße mit Staub bedecken,
den Dichtern und Schwätzern will ich absagen
und die Weisheit unter den Sternen suchen.

Hans Scholl (★ 22. Sept. 1918; † 22 Febr. 1943 (hingerichtet),
Medizinstudent und dt. Widerstandskämpfer
Eintragung in sein *Russland-Tagebuch* vom 22. August 1942

Theo Hallet

UMSTRITTENE VERSÖHNUNG

Reagan und Kohl in Bitburg 1985

SUTTON VERLAG

Impressum

Sutton Verlag GmbH

Hochheimer Straße 59

99094 Erfurt

www.suttonverlag.de

Copyright © Sutton Verlag, 2005

Gestaltung und Herstellung: Markus Drapatz

ISBN 3-89702-810-7

Druck: Oaklands Book Services Ltd., Stonehouse / GL, England

Inhaltsverzeichnis

Der Soldatenfriedhof Kolmeshöhe		6
Vorwort		7
I.	Bitburg – „eine weithin sichtbare Geste der Aussöhnung"?	9
II.	Der Kundschafter aus Washington	13
III.	Der Hilferuf	15
IV.	Der „Krieg der Sterne"	23
V.	Das durfte nicht passieren	25
VI.	Proteste und ein spontanes Gedenken	31
VII.	Safety first!	35
VIII.	Die Kriegsgräberliste	39
IX.	Die Stimmung verschlechtert sich	41
X.	Die Bitburger Amerikaner	47
XI.	Das Goldene Buch	55
XII.	Ein schwerer Gang	61
XIII.	Aufatmen und Erleichterung	71
XIV.	Journalisten und Media Worker	83
XV.	Die französische Garnison	85
XVI.	Interessante Post	89
XVII.	Dokumente	111
XVIII.	Nachbetrachtung	121
Quellenverzeichnis		125
Fotonachweis		125

Der Soldatenfriedhof Kolmeshöhe

Auf dem am Rande der Stadt Bitburg gelegenen parkartigen Gelände der Kolmeshöhe liegen der Städtische Zivilfriedhof und – direkt gegenüber, aber getrennt davon – der Soldatenfriedhof. Auf dem Soldatenfriedhof Kolmeshöhe haben mehr als 2.000 Soldaten und Kriegstote des Zweiten und auch des Ersten Weltkrieges ihre letzte Ruhestätte gefunden.

Überragt wird der Friedhof von einem aus einheimischen Kalkstein errichteten, 35 Meter hohen Turm, der im Inneren als Gedenkhalle ausgebaut wurde. An ihren Wänden sind Tafeln mit den Namen aller im letzten Krieg gefallenen Bitburger Soldaten und der durch Bombenangriffe umgekommenen Bitburger Zivilisten angebracht. Darüber steht der Spruch: *„Niemand hat größere Liebe denn die, dass er sein Leben lässt für seine Freunde."* Eindrucksvoll sind die in Stein ausgehauenen 14 Stationen des Kreuzweges, die das Gräberfeld umrahmen.

Anlässlich des Volkstrauertages im November findet alljährlich eine Gedenkfeier für die Toten der beiden Weltkriege statt, an der seit der Einweihung des Soldatenfriedhofes im Jahre 1959 auch Abordnungen des US-Flugplatzes Bitburg und der französischen Garnison Bitburg teilnahmen.

Unter den auf dem Soldatenfriedhof Kolmeshöhe ruhenden 2.077 Kriegstoten befinden sich 59 Ziviltote und 23 Gefallene des Ersten Weltkrieges. Von den 1.995 hier beerdigten Gefallenen des Zweiten Weltkrieges sind 1.807 namentlich bekannte und 139 unbekannte Soldaten der Wehrmacht sowie 49 namentlich bekannte Angehörige der Waffen-SS. Von den Gefallenen der Waffen-SS waren in folgendem Alter:

17–20 Jahre = 23	36–40 Jahre = 3
21–25 Jahre = 9	41 und älter = 1
26–30 Jahre = 2	Alter unbekannt = 6
31–35 Jahre = 5	

Unter den hier ruhenden Angehörigen der Waffen-SS befindet sich lediglich ein Offizier im Rang eines SS-Untersturmführers. In mehreren Veröffentlichungen und Verlautbarungen ist fälschlicherweise von „SS-Offizieren" oder gar von „49 SS-Offizieren" die Rede.

Zum besseren Verständnis noch ein Hinweis: In der Bundesrepublik (so auch nicht in Bitburg) gibt es keine amerikanischen Soldatengräber, da die Amerikaner – was nicht überall in Deutschland bekannt ist – ihre Gefallenen nicht in „Feindesland" begraben.

Vorwort

Es hat lange gedauert, bis ich das, was ich in den spannungsreichen und turbulenten Wochen vor dem Besuch des amerikanischen Präsidenten Ronald W. Reagan und des deutschen Bundeskanzlers Dr. Helmut Kohl in Bitburg und am Besuchstag selbst – am 5. Mai 1985 – hautnah miterlebte, in mehreren Aufzeichnungen festgehalten habe. Erst jetzt, 20 Jahre später, habe ich meine Erinnerungen an den Staatsbesuch in Bitburg geschlossen zu Papier gebracht und veröffentlicht.

In diesem Rückblick kommt es mir darauf an, deutlich zu machen, warum ich der regierungsamtlichen Sicht und Darstellung des Bitburger Geschehens von 1985 inzwischen sehr kritisch gegenüberstehe. Ohne eine bereits bis zur Erschöpfung geführte Diskussion neu auflegen zu wollen, stellt sich dennoch die zentrale Frage, ob 40 Jahre nach Kriegsende und in Anbetracht einer jahrzehntelangen Bündnispartnerschaft in der NATO ein deutsch-amerikanisches Versöhnungszeremoniell auf dem Bitburger Soldatenfriedhof Kolmeshöhe überhaupt notwendig und angebracht war.

Außerdem kommt es mir darauf an, den Hintergrund dieses konfliktreichen Geschehens auszuleuchten sowie Fragwürdiges und Merkwürdiges nicht in Vergessenheit geraten zu lassen. Zum besseren Verständnis für die Befürworter und Kritiker des Friedhofsbesuches von US-Präsident Reagan und Bundeskanzler Kohl sollen interessante Zuschriften aus dem In- und Ausland beitragen, die hauptsächlich vor, aber auch noch lange Zeit nach dem Präsidentenbesuch im Rathaus eintrafen. Darüber hinaus soll eine kleine Auswahl von Schlagzeilen aus der bundesdeutschen Presse ein – wenn auch lückenhaftes – Stimmungsbild aus der Zeit vor dem Besuch vermitteln.

Einer, der mir in den hektischen Wochen vor dem 5. Mai 1985 mit Rat und Tat zur Seite stand und mich in jeder Hinsicht nach besten Kräften unterstützte, war der Bundestagsabgeordnete des Wahlkreises 151 (Bitburg) und Staatsminister im Auswärtigen Amt, Dr. Alois Mertes aus Gerolstein, der leider am 16. Juni 1985 unerwartet verstarb. In bester Erinnerung habe ich auch die sehr kooperativen Kommandeure vom US-Flugplatz Bitburg, General Peter D. Robinson und Oberst James M. Stewart sowie deren stets hilfsbereite Referentin für Öffentlichkeitsarbeit und Dolmetscherin Lydie Hengen und die Spitzen der Bonner Botschaft in Washington, die mich nicht im Stich ließen und auch unaufgefordert mit Informationen versorgten.

Nicht vergessen werde ich den damaligen Stadtrat, dessen Fraktionen zusammen mit der Bitburger Bevölkerung hinter mir standen und mir in diesen schwierigen

Wochen den Rücken stärkten. Aus Bonn kamen die vom Bundeskanzler „gesandten" erfahrenen Legationsräte I. Klasse, Dr. Jochen Gentz und Dr. Peter Hartmann, die uns täglich bis spät in den Abend hinein halfen, den Ansturm der Medienvertreter zu bewältigen und die wichtige Hilfestellung bei der Öffentlichkeitsarbeit gaben. Zu denen, die in den Wochen vor dem Besuch ständig hier vor Ort waren und genau hinsahen, was sich hier in Bitburg abspielte, gehörte der damalige Redakteur des „Trierischer Volksfreund", Matthias Heinz. Durch seine unaufgeregten Berichte und seine kompetenten Informationen hat er viel zur Beruhigung der Bevölkerung beigetragen. Allen Genannten bin ich zu großem Dank verpflichtet.

Theo Hallet
Bitburg, im Januar 2005

I. Bitburg – „eine weithin sichtbare Geste der Aussöhnung"?

Bereits seit längerem stand fest, dass der amerikanische Präsident Ronald W. Reagan Anfang Mai 1985 zum Weltwirtschaftsgipfel nach Bonn kommen würde. Da der 40. Jahrestag des Kriegsendes bevorstand, wurde vereinbart, dieses besonderen Tages im Rahmen eines Staatsbesuches an einem Ort zu gedenken, der auch für eine symbolische deutsch-amerikanische Aussöhnung geeignet war. Die Vermutung liegt nahe, dass Bonn dabei an das Vorbild von Verdun/Frankreich dachte, wo sich der französische Präsident François Mitterand und der deutsche Bundeskanzler Dr. Helmut Kohl im September 1984 vor dem unüberblickbaren Gräberfeld des Ersten Weltkrieges die Hände reichten. Dort hatten indes unzählige Gefallene beider Seiten ihre letzte Ruhestätte gefunden, während es in der Bundesrepublik nirgendwo amerikanische Soldatengräber gab, was anscheinend den Verantwortlichen nicht bekannt war. Und so begab man sich auf die Suche nach einem geeigneten Ort für dieses schwierige Vorhaben einer symbolischen Aussöhnung.

Im Anschluss an eine Großveranstaltung in Essen kam Bundeskanzler Helmut Kohl am 22. März 1985 mit dem Hubschrauber in den Kreis Bitburg-Prüm und besichtigte in Begleitung von Regierungspräsident Schwetje (Trier) und Landrat Gasper (Bitburg) die Soldatenfriedhöfe in der Kreisstadt Bitburg und in Daleiden, einer grenznahen Gemeinde im Westen des Kreises Bitburg-Prüm, die ca. 40 Kilometer von Bitburg entfernt liegt. Einer der beiden Friedhöfe sollte in das Programm des Staatsbesuches aufgenommen werden, der auf den 5. Mai, einen Sonntag, festgesetzt wurde. Obwohl die Stadtverwaltung Bitburg für die Unterhaltung, Friedhofsordnung, Gräberpflege und Verwaltung des Soldatenfriedhofes Kolmeshöhe zuständig ist, wurde kein Vertreter unserer Stadt, der genau über Geschichte, Belegung und Besonderheiten des Friedhofes Auskunft hätte geben können, zur eilig durchgeführten Besichtigung und Begehung hinzugezogen. Das Ergebnis: keine Fragen, keine Informationswünsche – lediglich der Wunsch, aus Sicherheitsgründen dies und jenes auf dem Friedhofsareal zu ändern. Nach der Besichtigung des Soldatenfriedhofes in Daleiden fiel die Wahl schließlich auf den Soldatenfriedhof Kolmeshöhe in Bitburg. Hauptsächlich aufgrund seiner Nähe zum amerikanischen Luftwaffenstützpunkt und NATO-Flugplatz Bitburg, und weil unsere Stadt als ein Symbol für die deutsch-amerikanische Freundschaft angesehen wurde. Aber warum sollte nunmehr von Bitburg „eine weithin sichtbare Geste der Aussöhnung" ausgehen?

10　Bitburg – „eine weithin sichtbare Geste der Aussöhnung"?

Der französische Staatspräsident François Mitterrand und Bundeskanzler Helmut Kohl während der Versöhnungszeremonie an den Gräbern von Verdun im September 1984.

Meine Familie und ich wohnen seit 1962 in Bitburg. Uns ist seitdem kein Mensch begegnet oder bekannt – kein Amerikaner und kein Deutscher, kein Veteran und kein Jugendlicher –, der den Wunsch nach einer deutsch-amerikanischen Versöhnung oder einen Gedanken, der in diese Richtung ging, ausgesprochen hat. Wenn ein Einzelner in einem Gremium das Bedürfnis nach einer solchen Versöhnung geäußert hätte, so wäre er bei seinen Gesprächspartnern, milde ausgedrückt, auf Unverständnis gestoßen. Denn aufgrund des jahrzehntelangen Zusammenlebens und Umgangs mit Amerikanern war die deutsch-amerikanische Versöhnung in Bitburg und Umgebung längst zur Alltagswirklichkeit und Selbstverständlichkeit geworden. Ich bin ziemlich sicher, dass in Anbetracht einer bereits seit 30 Jahren praktizierten Bündnispartnerschaft und der engen Zusammenarbeit in der NATO auch auf nationaler Ebene keine Notwendigkeit für „eine weithin sichtbare Geste" deutsch-amerikanischer Aussöhnung bestand. Die Feindschaft war längst überwunden, und für das Versöhnungs-Symbol „Bitburg" – mit Handschlag über den Gräbern der ausschließlich deutschen Kriegstoten und Gefallenen – gab es kein Bedürfnis und deshalb auch keine Notwendigkeit. Eine symbolische Geste war aus diesem Grund fehl am Platze und überflüssig. Wenn dagegen bei den Bürgern der starke Wunsch und ein spürbar emotionales Bedürfnis nach Verständigung und Versöhnung vorhanden sind, und wenn beide Seiten für eine symbolische Geste den passenden Ort und den passenden Zeitpunkt finden, ist die Macht und Wirkung der Symbole groß und stark. Beispiele hierfür sind die Umarmung Adenauers und de Gaulles in der Kathedrale von Reims (1962), der Kniefall Willy Brandts vor dem Mahnmal des Ghetto-Aufstandes in Warschau (1970) und das bereits eingangs erwähnte Zeremoniell zwischen Kohl und Mitterand in Verdun.

Als bekannt wurde, dass Kohl und Reagan die Absicht hatten, den Soldatenfriedhof in Bitburg – auf dem wie auf fast allen deutschen Soldatenfriedhöfen auch Angehörige der Waffen-SS begraben liegen – zu besuchen, brach in den amerikanischen und vereinzelt auch in deutschen Medien ein Sturm der Entrüstung los. Was als „eine weithin sichtbare und empfundene Geste der Aussöhnung" (Kohl) gedacht war, führte zu weltweiten Protesten, heftiger Kritik und leidenschaftlichen Auseinandersetzungen. Es besteht kein Zweifel, dass die enorme politische Sprengkraft, die bis heute in den beiden SS-Runen steckt, damals völlig unterschätzt oder gar nicht erst wahrgenommen wurde. Aber zur ganzen Wahrheit gehört auch dies: Es gab damals eine breite Zustimmung von Deutschen und Amerikanern zu dem beabsichtigten Friedhofsbesuch und der damit verbundenen Geste der Versöhnung. Durch das schlagartig und mit großer Vehemenz einsetzende Mediengewitter und aufgrund des wochenlangen, ununterbrochenen Aufwühlens alter Wunden war jedoch die Stimmung in Bitburg äußerst gereizt. Es darf zum besseren Verständnis nicht verschwiegen werden, dass die gnadenlosen und hasserfüllten Attacken aus den USA auf die toten Angehörigen der Waffen-SS und auf den „Nazifriedhof" Bitburg hierzu in starkem Maße beigetragen haben. Die oft sehr polemischen Reaktionen riefen Verbitterung und Entsetzen in der Bitburger Bevölkerung hervor. Entsprechend groß war die Bereitschaft, für die Menschenwürde aller auf dem Friedhof Kolmeshöhe ruhenden Kriegstoten einzutreten.

Etwa ab Mitte April befand sich unsere Stadt mit ihren 12.000 Einwohnern und fast ebenso vielen Amerikanern sowie einer kleinen Garnison mit etwa 1.000 Franzosen sozusagen in einem Ausnahmezustand. Der Soldatenfriedhof Kolmeshöhe, am Rande der Stadt gelegen und sonst ein Ort der Ruhe und Stille, war auf einmal zu einem Anziehungspunkt und Ausflugsziel für Reporter und Journalisten aus vielen Ländern, für in- und ausländische Touristen und auch für viele Amerikaner aus Bitburg und Umgebung geworden. Auf dem Gräberfeld mit mehr als 2.000 Soldaten und Kriegstoten (darunter 49 Angehörige der Waffen-SS, 59 Ziviltote und 23 Gefallene des Ersten Weltkrieges) spazierten Scharen von neugierigen Friedhofsbesuchern langsamen Schrittes umher und lasen, was auf den einzelnen Grabplatten stand. Zeitweise glich das Gräberfeld einem Rummelplatz – ein Anblick, der abstoßend wirkte und einheimische Beobachter alles andere als versöhnlich stimmte. Diesem unwürdigen Zustand konnte erst durch wiederholte und eindringliche Hinweise auf die Friedhofsordnung und durch eine symbolische Abgrenzung des Gräberfeldes ein Ende bereitet werden.

Aufgrund dieser stürmischen Entwicklung sahen sich unsere Verwaltung und ich mich als Bürgermeister von einem Tag auf den anderen vor vielfältige Aufgaben gestellt. Dazu gehörten:

- die Stadt Bitburg bei der Vorbereitung des Staatsbesuches in den Gesprächen mit dem Vorausteam des Weißen Hauses zu vertreten;

Bitburg – „eine weithin sichtbare Geste der Aussöhnung"?

Der Soldatenfriedhof Kolmeshöhe in Bitburg wurde im Jahre 1959 eingeweiht. Hier ruhen 2.077 Tote beider Weltkriege

    – der Presse und den Fernsehjournalisten aus den USA, der Bundesrepublik und einigen europäischen Nachbarländern als Ansprech- und Interviewpartner sowie den einzelnen Delegationen und Aktivistengruppen als Gesprächspartner zur Verfügung zu stehen;

    – den Bundeskanzler, das Auswärtige Amt und die Staatskanzlei in Mainz über die Entwicklungen in Bitburg und über besondere Vorkommnisse auf dem Laufenden zu halten;

    – ständig Kontakt zu halten zu allen Fraktionen des Stadtrates, zur Kreisverwaltung Bitburg-Prüm, zur örtlichen Polizei und zu den Spitzen der Bitburger Amerikaner vom Flugplatz Bitburg;

    – den Angriffen auf die Stadt Bitburg und den zahlreichen Attacken auf die auf dem Soldatenfriedhof ruhenden Kriegstoten entgegenzutreten.

Mit anderen Worten: Es galt, mit allen Verantwortlichen dafür zu sorgen, dass in Bitburg aufgrund der angespannten Lage nichts „aus dem Ruder lief". Ein wochenlanges, außergewöhnliches Tagesprogramm für den Bürgermeister einer Kleinstadt und für den kleinen Stab von Mitarbeitern, der mir bei der Erfüllung dieser ungewöhnlichen Aufgaben zur Seite stand. Während dieser hektischen Wochen fanden nur ab und zu Bitburger Bürger den Weg in das von morgens bis abends überfüllte und belagerte Rathaus – um ihrem Unmut Luft zu machen, um Fragen zu stellen oder um ihre Verwunderung darüber auszudrücken, was sich da alles in unserer kleinen Stadt abspielte.

II. Der Kundschafter aus Washington

Durch den amerikanischen Flugplatz in Bitburg hatte ich viel mit Militärs zu tun. Es war also nichts Ungewöhnliches, als mir Anfang März vom Flugplatz aus – allerdings sehr kurzfristig – der Besuch eines Generals der Air Force aus Washington angekündigt wurde. General Richard F. Abel kam dann kurz darauf mit einer Dolmetscherin zu mir ins Rathaus, stellte sich als Direktor für öffentliche Angelegenheiten beim „Secretary of the Air Force" in Washington vor und überreichte mir zum Auftakt ein gerahmtes Emblem der US-Air Force mit der üblichen Widmung. General Abel war ein sehr freundlicher und höflicher Mann, von dem ich aber nichts über den Grund seines Besuches in Erfahrung bringen konnte. Er hatte keine Informationswünsche und auch kein bestimmtes Problem, das er mit mir besprechen wollte.

Es war also – so dachte ich – lediglich ein vom Flugplatz arrangierter Höflichkeitsbesuch. Wir unterhielten uns dann über das gut funktionierende Miteinander und Nebeneinander von Einheimischen und Amerikanern hier in Bitburg. In diesem Zusammenhang erzählte ich meinem Gast, dass seit Bestehen des Flugplatzes, also seit 1952, mehr als 16.000 amerikanische Kinder hier in Bitburg auf die Welt kamen und mehr als 6.000 deutsch-amerikanische Ehen geschlossen wurden. Diese Tatsache war neu und deshalb auch von großem Interesse für General Abel; ebenso, dass ich jeden Donnerstagmorgen die neu eingetroffenen amerikanischen Soldaten im Rathaus empfing. Wir unterhielten uns abschließend noch etwas über das Stadtgeschehen, über die große amerikanische Wohnsiedlung, über die amerikanischen Schulen und selbstverständlich auch über den wichtigen US-Flugplatz Bitburg.

So weit der deutsch-amerikanische Smalltalk. Mit keinem Wort erwähnte der Besucher aus Washington den bereits seit längerem geplanten und terminierten Staatsbesuch des amerikanischen Präsidenten in der Bundesrepublik. Für uns hier in Bitburg lag dieses Thema damals, Anfang März, noch außerhalb unserer Reichweite; denn zu diesem Zeitpunkt wussten wir noch nichts von den deutsch-amerikanischen Planspielen, die wegen dieses Besuches bereits im Gange waren. Oder anders ausgedrückt: Wir hatten bislang noch nichts davon gemerkt. Neugierig und misstrauisch geworden, ging mir während des Gespräches mit General Abel nicht die Frage aus dem Kopf, was nun der eigentliche Grund seines Besuches im Rathaus sein könnte. Über eines jedoch war ich mir im Klaren: Mein Besucher kannte meine Biografie und wusste auch genau Bescheid über meine militärische Vergangenheit; denn die Amerikaner hatten über die Zentralnachweisstelle Aachen, die 1955 vom Bundesarchiv übernommen wurde, Zugriff auf die Personalunterla-

General Richard F. Abel und Bitburgs Bürgermeister Theo Hallet im Gespräch.

gen der ehemaligen Angehörigen der deutschen Wehrmacht. Auffällig gut zeigten sich auch einige amerikanische Journalisten, mit denen ich später in Bitburg zu tun hatte, über meine Militärdienstzeit informiert. So ließen sie ihre amerikanischen Leser zum Beispiel wissen: „… Mr. Hallet, a white-haired veteran who fought in the Grossdeutschland Division on the Russian Front in World War II. …"

Vermutlich hatte General Abel damals den Auftrag, die Spitzen des US-Flugplatzes Bitburg über die deutsch-amerikanischen Planspiele zur Vorbereitung des Staatsbesuches von Präsident Reagan zu informieren und deren Meinung und Stellungnahme einzuholen. Außerdem – so nehme ich an – sollte er sich an Ort und Stelle ein Bild über die vorgeblich guten Beziehungen zwischen Deutschen und Amerikanern in Bitburg machen. Und schließlich sollte er sich wohl auch noch einen persönlichen Eindruck verschaffen von dem Mann, dessen Biografie er bereits kannte – deshalb der Besuch bei mir im Rathaus. Als sich das Gespräch dem Ende zuneigte, verabschiedete ich meinen Gast aus Washington mit dem üblichen Bitburger Präsent: Ein Bierseidel, den wir für solche Anlässe stets vorrätig hatten.

Mitte März bedankte sich General Abel in einem netten Brief für die freundliche Aufnahme. Die in der Anschrift genannten, von mir aber nie verwendeten Vornamen bestätigten meine Vermutung, dass er sich meine Personalunterlagen sehr genau angesehen hatte: *Heinrich Joseph Theodor Hallet, Bürgermeister Bitburg, D-5520 Bitburg, West-Germany.*

General Abel war ein Vorbote dessen, was in den nächsten Wochen auf Bitburg zukommen sollte.

III. Der Hilferuf

Ende März wurde es dann Ernst: William Henkel, der Direktor des Präsidententeams, kam eigens mit seinem Stab aus Washington angereist, um die Spitzen des amerikanischen Flugplatzes und anschließend mich über den Besuchstermin und das voraussichtliche Besuchsprogramm von Präsident Reagan zu informieren. Von da an stieg die Flut der Besucher im Rathaus von Tag zu Tag. Zuerst waren es nur wenige Reporter, die sich in Bitburg umsahen und im Rathaus anklopften. Als dann aber mit steigender Tendenz außer deutschen auch ausländische Journalisten im Rathaus auftauchten, um zu recherchieren und zu berichten, war mir klar, was da auf uns als Anlaufstelle und Ansprechpartner für die Medien zukommen würde. Auf diese Rolle, die wir aufgrund dieser Entwicklung zwangsläufig spielen mussten, war unsere kleine Verwaltung jedoch überhaupt nicht vorbereitet.

Hier nur eine kleine, unvollständige Auswahl der Zeitungen, Zeitschriften und Fernsehstationen aus dem In- und Ausland, die ihre Korrespondenten, Reporter, Kameraleute oder Fotografen in diesen Tagen nach Bitburg schickten: „ABC" (American Broadcasting Companies), „ARD", „Bild/Bild am Sonntag", „Brigitte", „Bunte", „Cable News Network" (London), „CBS" (Columbia Broadcasting System), „Daily Mail" (London), „Frankfurter Allgemeine", „Frankfurter Rundschau", „ITN" (Independent Television News Limited, London), „Kurier" (Wien), „Los Angeles Times", „NBC" (National Broadcasting Company), „New York Post", „Der Spiegel", „Stern", „Stuttgarter Zeitung", „Süddeutsche Zeitung", „Sunday Telegraph" (London), „The New York Times", „The Observer" (London), „The Washington Times", „Die Welt", „Westdeutsche Zeitung", „ZDF".

Ich kann mich nicht daran erinnern, dass irgendeine Regierungsstelle in dieser Phase bei uns angefragt hätte, ob denn die Stadtverwaltung Bitburg überhaupt in der Lage sei, die mit dem Staatsbesuch verbundenen vielfältigen Aufgaben – vor allem eben die Presse- und Öffentlichkeitsarbeit – zu übernehmen, und ob wir uns dieser außergewöhnlichen Anforderung gewachsen fühlten. Ganz abgesehen davon, dass uns das Besuchsprogramm bis zu diesem Zeitpunkt ohnehin nur in groben Umrissen bekannt war.

Größte Sorgen bereiteten uns damals die Sicherheitsprobleme an den Brennpunkten im Stadtgebiet: im Bereich des Soldatenfriedhofes Kolmeshöhe, am kleinen jüdischen Friedhof, an den Hauptzufahrtsstraßen und im Stadtzentrum. Wegen dieser uns stark beschäftigenden Fragen standen wir in ständigem Kontakt mit der Kreisverwaltung Bitburg-Prüm im Landratsamt Bitburg, die als Kreispolizeibehörde zusammen mit der Polizeiinspektion Bitburg für die Sicherheit und Ordnung in der Stadt zuständig war. Die zur Verfügung stehenden Polizeikräfte reichten jedoch bei weitem nicht aus, um in Anbetracht der zu erwartenden Demonstrationen und eventueller Ausschreitungen die Sicherheit im Stadtgebiet und besonders an den genannten Brennpunkten zu gewährleisten. Hinzu kam noch, dass die Bitburger Polizei einige wenige besonders gefährdete Bereiche und Gebäude ständig observieren musste. Bevor später die Bereitschaftspolizei Rheinland-Pfalz aus Wittlich-Wengerohr zu Hilfe kam, musste von den Beamten zunächst improvisiert und demonstrativ Präsenz gezeigt werden. So wurde zum Beispiel täglich nach Einbruch der Dämmerung ein unbesetzter Streifenwagen vor dem Eingang zum jüdischen Friedhof platziert.

Was normalerweise für eine Kleinstadt weder üblich noch notwendig war, erwies sich aufgrund der sich abzeichnenden Entwicklung nunmehr als Handikap: Und zwar die Tatsache, dass unsere Verwaltung nicht an das Fernschreibnetz für Behörden angeschlossen war. Dadurch konnten wir mit anderen Teilnehmern nicht fernschriftlich verkehren und wichtige Informationen und Nachrichten weder senden noch empfangen. Soweit Bedarf bestand, wurde diese Funktion vom Fernschreiber in unserer Kreisverwaltung übernommen. Darüber hinaus kann ich mich jedoch nicht daran erinnern, dass uns in den kritischen Tagen und Wochen vor dem Staatsbesuch von irgendeiner Seite technische oder gar personelle Hilfe angeboten worden wäre. In dieser politisch brisanten Situation war die Stadt Bitburg sowohl administrativ als auch organisatorisch weitgehend auf sich allein gestellt.

Das hatte indes auch sein Gutes, denn noch nie stand die Eigenständigkeit unserer Stadt so hoch im Kurs, und noch nie wurde ihr Recht auf Selbstverwaltung von allen Seiten so respektiert und hoch geschätzt wie zu dieser Zeit. Welch Gegensatz zu dem wichtigtuerischen Gehabe mancher Bundes- und Landespolitiker, die sich bei passender Gelegenheit gegenüber den Kommunen gerne als Vormund aufspielten – eine Rolle, an der auch der Unbedeutendste aus ihren Reihen großen Gefallen fand. In diesen turbulenten Wochen vor dem Besuch Reagans und Kohls zeigten sie sich jedoch fast ausnahmslos von einer überaus bescheidenen Seite. So fand zum Beispiel kein Landespolitiker aus unserer Region – von nur einer löblichen Ausnahme abgesehen – während dieser Zeit den Weg zum Telefon, geschweige denn ins Bitburger Rathaus. Es kam uns – der Bitburger Bevölkerung und unseren Kommunalpolitikern – so vor, als wären sie alle in Deckung gegangen oder einfach untergetaucht.

Erst eine Woche vor dem Staatsbesuch richtete der damalige Ministerpräsident von Rheinland-Pfalz, Dr. Bernhard Vogel, ein Telegramm an den Bundeskanzler und bat ihn, der Weltöffentlichkeit ein Bild von Bitburg als einem international bekannten Symbol für eine seit Jahrzehnten bewährte deutsch-amerikanische Freundschaft zu vermitteln. Die Staatskanzlei in Mainz legte Wert darauf, dass ich dieses „gemeinsame" Telegramm mit unterschrieb, was ich dann auch, ohne lange zu überlegen, ungern tat. Als Präsident Reagan und Bundeskanzler Kohl schließlich

Der Staatsminister im Auswärtigen Amt, Dr. Alois Mertes aus Gerolstein/Eifel.

am 5. Mai in Bitburg eintrafen, gaben viele prominente Politiker ihre bisher gezeigte, ungewohnte Zurückhaltung wieder auf und würdigten dieses Ereignis durch ihre Anwesenheit. Dabei habe ich noch deutlich vor Augen, wie sich einige von ihnen anstellten, um möglichst weit vorn mit dabei zu sein und gesehen zu werden.

Nicht im Stich ließ uns während dieser schwierigen Zeit der Staatsminister im Auswärtigen Amt, Dr. Alois Mertes. Am 5. Mai war er jedoch in Bitburg nicht dabei, weil er einige Tage zuvor in die USA gereist war, um dort die Wogen glätten zu helfen. In New York war er Ehrengast des American Jewish Committee (AJC). Vor den Mitgliedern dieser großen und einflussreichen Organisation sprach er die mit dem Besuch des Militärfriedhofes in Bitburg aufgetretenen Probleme, Emotionen und Missverständnisse an und stellte mit Nachdruck die demokratische Einstellung und Zuverlässigkeit der Bitburger Bevölkerung klar. Nur kurze Zeit nach seiner Rückkehr aus den USA verstarb dieser große Freund unserer Stadt und der Eifel unerwartet im Juni 1985.

Wie bereits gesagt, blieb uns infolge der sich überschlagenden Entwicklungen vor Ort nichts anderes übrig, als vorerst die schwierige Rolle des Ansprechpartners für die Medien selbst zu übernehmen und das Beste aus der Situation zu machen. Es wurde daher ein kleiner Stab von Mitarbeitern gebildet, der als erstes die Frage zu beantworten hatte, was zu tun sei, um den sich abzeichnenden Andrang der Journalisten bewältigen zu können. Meiner Sekretärin Agnes Mathey wurde beispielsweise die Aufgabe übertragen, die Vertreter der Medien mit allem zu versorgen, was ihnen die Arbeit und den Aufenthalt in Bitburg erleichterte. So bekamen alle Journalisten gleich nach ihrer Ankunft eine Pressemappe, der sie alles Wissenswerte über unsere Kreisstadt und den Soldatenfriedhof Kolmeshöhe entnehmen konnten. Ebenfalls beigefügt waren darin unter anderem ein Stadtplan sowie ein Unterkunftsverzeichnis Bitburgs.

Selbstverständlich standen stets auch Erfrischungsgetränke einschließlich Bitburger Pils bereit. Das alles spielte sich in einem kleinen Vorzimmer ab, in dem sich zunehmend mehr Besucher, Reporter und Fernsehteams drängten. Der Büroleiter hatte den Auftrag, die Wünsche der Journalisten entgegenzunehmen und ihnen weiterzuhelfen. Das hieß, Terminabsprachen für Interviews und Pressekonferenzen zu treffen, Kontakte zu anderen Bitburger Behörden zu vermitteln und Termine mit Abordnungen von Organisationen und Aktivistengruppen, die mit dem Bürgermeister sprechen und diskutieren wollten, zu vereinbaren. Ein weiterer Abteilungsleiter hatte die Aufgabe, die Vorgaben der Mainzer Staatskanzlei, die mit der Ausarbeitung des Besuchsprogramms befasst war, mit unserer Planung zu koordinieren. Der zuständige Mainzer Ministerialrat Klaus Wolfgram tat dabei sein Bestes, um uns die Arbeit zu erleichtern.

Mithilfe dieses noch um einige Mitarbeiter erweiterten kleinen Stabes wurde alles so gut wie möglich organisiert. Aber da gab es noch ein Handikap, das unüberwindliche Schwierigkeiten bereitete: Mein Schulenglisch reichte zwar für einen Smalltalk und eine zu Papier gebrachte Ansprache, aber keinesfalls für ein anspruchsvolles Gespräch und schon gar nicht für eine Diskussion oder ein Interview. So weit es ihre Zeit zuließ, stand mir daher in der ersten Zeit Lydie Hengen – die vorzügliche Dolmetscherin des Kommandeurs und Geschwaderkommodore Robinson vom amerikanischen Flugplatz – zur Seite. Sie war bislang auch immer dabei, wenn ich jeweils donnerstags die neu angekommenen Soldaten der Air Force begrüßte und in Bitburg willkommen hieß. Da die meisten meiner ausländischen Gesprächspartner jedoch auch etwas Deutsch sprachen, konnte ich mich – indes manchmal nur unter Aufbietung aller noch vorhandenen und schnell aufgefrischten Englischkenntnisse – gerade noch ausreichend verständlich machen.

Zur Veranschaulichung der Schwierigkeiten möge folgendes Beispiel dienen: Eines Tages rief mich Radio Boston aus den USA an. Mein Gesprächspartner stellte mir in gut verständlichem Englisch einige Fragen, die ich ihm aber aus dem Stand heraus nicht beantworten konnte. Ohne den wahren Grund zu nennen, bat ich ihn, doch in einer halben Stunde erneut anzurufen. In der Zwischenzeit rief ich meinen Sohn an, der an einem Gymnasium in Daun/Eifel Deutsch und Englisch unterrichtete und die von mir vorbereiteten Antworten ins Englische übersetzte. Der Reporter aus Boston, der sich kurz darauf wieder meldete, war schließlich zufrieden mit dem, was ich – nun in passablem Englisch – zu berichten hatte.

Dieses ständige Improvisieren war für mich mehr als lästig und fand glücklicherweise ein baldiges Ende. Als endgültig feststand, dass Bundeskanzler Kohl und Präsident Reagan an ihrer Absicht festhielten, am 5. Mai den Soldatenfriedhof Kolmeshöhe zu besuchen, brach ein regelrechtes Mediengewitter über uns herein: Fernsehteams aus Australien, Japan, Kanada und natürlich besonders aus den USA und der Bundesrepublik sowie Journalisten und Korrespondenten aus vielen Ländern bevölkerten unser Rathaus von morgens bis abends. Jetzt brauchte ich dringend die Hilfe von Medienprofis, die die englische Sprache einwandfrei in Wort und Schrift beherrschten, meine Mitarbeiter unterstützten und mich bei der Presse- und Öffentlichkeitsarbeit entlasteten. Deshalb rief ich kurzerhand den Bundeskanzler in Bonn an und schilderte ihm ausführlich die angespannte und äußerst schwierige Lage im Bitburger Rathaus und was sich zurzeit alles in der Stadt abspielte. Ich erklärte ihm, dass wir dringend personelle Verstärkung benötigten, da wir dem Ansturm der Medienvertreter und den daraus resultierenden Anforderungen bei der Presse- und Öffentlichkeitsarbeit allein nicht mehr gewachsen seien. Helmut Kohl versprach mir, sofort „zwei gute Leute" nach Bitburg zu schicken. Noch am selben Tag trafen dann die beiden Vortragenden Legationsräte I. Klasse, Dr. Jochen Gentz und Dr. Peter Hartmann, im überfüllten Rathaus ein. Morgens um 11 Uhr zugesagt, waren die Bonner Beamten bereits gegen 17 Uhr an Ort und Stelle – eine positive Überraschung! Sie waren zwar auf die außergewöhnliche Situation in Bitburg vorbereitet, doch den bereits herrschenden Trubel hatten sie nicht erwartet.

Zum Glück erwiesen sich die beiden Bonner „Gesandten" als uneitel, kooperativ und in ihrer Arbeitsweise sehr effizient. Dr. Gentz und Dr. Hartmann sprangen überall dort ein, wo sie dringend gebraucht wurden. Eine rheinische Zeitung schrieb, dass es die Aufgabe der beiden in Bitburg stationierten Legationsräte aus dem Bundeskanzler- und Bundespresseamt sei, dem Bürgermeister die Journalisten „vom Leibe zu halten". Doch ihre Tätigkeit erschöpfte sich bei weitem nicht in der Presse- und Öffentlichkeitsarbeit. Sie gehörten zum Beispiel auch zu dem Team, das den Staatsbesuch zusammen mit den Vertretern des Weißen Hauses und den deutschen Verantwortlichen für Sicherheit, Organisation und Protokoll vorbereitete. Dabei stellte uns die mehrmalige Abänderung und zeitliche Reduzierung des Besuchsprogramms vor große Probleme. Dr. Gentz und Dr. Hartmann übernahmen zudem die Auswertung der Post aus den USA und die Auswertung der Berichterstattung über Bitburg in den US-Medien. Außerdem kümmerten sie sich um in- und ausländische VIP-Journalisten – darunter auch die vorzüglich Deutsch sprechenden Chefs der Bonner Büros der „Los Angeles Times" und der „New York Times".

In diesem Zusammenhang erinnere ich mich an folgende Begebenheit: Es war bereits dunkel, und die Tagesarbeit neigte sich dem Ende zu, als noch jemand mit eiligen Schritten auf mein Büro zusteuerte. Es war Dr. Gentz, der mir noch etwas Wichtiges mitzuteilen hatte. Leicht aufgeregt sagte er mir, dass er das Bonner Büro der „New York Times" am Telefon habe. Die Anruferin wolle wissen, ob im Bitburger Stadtrat auch ehemalige Angehörige der Waffen-SS säßen. Ich bat ihn, ihr zu sagen, dass ich mich nicht mit der militärischen Vergangenheit unserer Stadtratsmitglieder befasst hätte und dass ich deshalb beim besten Willen nicht in der Lage sei, hierüber eine fundierte Auskunft zu geben. Einen Hinweis auf das „Berlin Document Center" – das damals noch unter amerikanischer Verwaltung stand und zu dessen wichtigsten Beständen auch die Personalunterlagen ehemaliger SS-Angehöriger zählten – verkniff ich mir dabei. Dennoch war ich über diese Anfrage insofern erstaunt, weil ich noch am Tag zuvor mit James Markham, dem inzwischen verstorbenen, stets fairen und hellwachen Chef des Bonnes Büros der „New York Times", ein längeres Gespräch in meinem Büro geführt hatte, in dessen Verlauf er dieses Thema mit keinem Wort erwähnte.

Spannend wurde es, wenn Interviews mit amerikanischen Fernsehteams auf dem Programm standen. Bereits vor dem Präsidentenbesuch hielten sich die großen US-Fernsehgesellschaften CBS (Columbia Broadcasting System), NBC (National Broadcasting Company) und auch die ABC (American Broadcasting Companies) mit ihrem Starmoderator Peter Jennings in Bitburg auf. Der deutschen Seite war klar, dass die in den USA ausgestrahlten Berichte und Interviews von großer Bedeutung waren für das Bild, das sich die amerikanische Öffentlichkeit über die Bevölkerung unserer Stadt und die angespannte Situation in Bitburg machen würde. Uns war auch klar, dass besonders die offiziellen Interviews nicht zu unterschätzende Auswirkungen auf die Stimmung in der amerikanischen Öffentlichkeit (und damit auf die aktuelle inneramerikanische Diskussion) und nicht zuletzt auch auf die große Politik, d.h. auf die deutsch-amerikanischen Beziehungen haben könnten.

Das alles vor Augen, achtete der Bonner „Gesandte" Dr. Hartmann, der bei Interviews mit dem amerikanischen Fernsehen als Beobachter stets mit dabei war, sorgfältig darauf, dass meine Antworten und Ausführungen vom amerikanischen Dolmetscher korrekt und sinngemäß übersetzt und mir keine sinnentstellenden Klischees in den Mund gelegt wurden. Bisher waren diese Interviews immer in entspannter Atmosphäre und störungsfrei verlaufen. Eines Tages aber passierte bei einem Interview Folgendes: Es ging unter anderem um einen von mir verfassten Brief an den US-Botschafter Arthur Burns in Bonn. Darin hatte ich – im Hinblick auf die anhaltenden Verdächtigungen und Verunglimpfungen der auf dem Soldatenfriedhof Kolmeshöhe ruhenden Angehörigen der Waffen-SS in amerikanischen Publikationen – erklärt, dass ich nicht bereit sei, mich an Nachforschungen über Soldaten zu beteiligen, die bereits mehr als 40 Jahre tot seien. Im Verlaufe meiner Erklärungen meldete sich auf einmal Dr. Hartmann zu Wort und beanstandete die sinnentstellende Übersetzung einer Passage. Darin ging es um in der amerikanischen Presse zum wiederholten Male verbreitete Unterstellungen und Verdächtigungen, die so nicht stehen bleiben durften. Da unbewiesen, waren sie von uns als Verunglimpfungen bereits mehrmals explizit zurückgewiesen worden, doch in der Übersetzung wurden plötzlich daraus „neu aufgetauchte Verdächtigungen". Die Interviewer mussten aufgrund der Intervention Dr. Hartmanns wohl oder übel einen neuen Anlauf nehmen, bis die Übersetzung unsere Zustimmung fand.

Die Bonner „Gesandten" Dr. Jochen Gentz (links) und Dr. Peter Hartmann.

Es war sehr schwierig, die richtigen Worte und den richtigen Ton gegenüber den prominenten Stimmen aus den USA zu finden, die seinerzeit mit großer Leidenschaft gegen den geplanten Friedhofsbesuch ihres Präsidenten protestierten und hierbei manchmal auch den Friedhof selbst polemisch als „Nazifriedhof" und vereinzelt auch unsere Stadt als „Nazinest" attackierten. Einer der kritischsten und lautstärksten Wortführer in der inneramerikanischen Diskussion um den Besuch des US-Präsidenten auf dem Bitburger Soldatenfriedhof war Senator Arlen Specter aus Pennsylvania. In Anbetracht der zunehmenden Verbitterung und der äußerst gereizten Stimmung im Stadtrat und in der Bitburger Bevölkerung, die auf die anhaltenden Attacken aus den USA zurückzuführen waren, sandte ich ihm über das Auswärtige Amt und über die Deutsche Botschaft in Washington ein Telegramm, das mit den Worten schloss: „Wir haben großes Verständnis für Ihre Schmerzen und Gefühle. Respektieren Sie aber auch unsere Empfindungen. Lassen Sie deshalb unsere Toten ruhen und uns wie bisher in Frieden mit unseren amerikanischen Freunden in Bitburg leben." Es dauerte nicht lange, bis mich der zuständige Beamte vom Auswärtigen Amt anrief und fragte, ob ich den Text des Telegramms nicht etwas abmildern könnte. Nein, ich wollte nicht.

Zwischendurch gab es jedoch auch immer wieder erfreuliche Nachrichten und Post aus den USA. So ließ uns zum Beispiel das Washingtoner Büro der ARD in einem sehr freundlichen Brief wissen, dass über Bitburg viel geschrieben werde – jedoch immer mit dem Tenor, diese Stadt symbolisiere die amerikanisch-deutsche Freundschaft. Abschließend hieß es in dem Brief: „In einer deutschen Zeitung las ich, Ihre Stadt gelte in den USA als ‚Nazinest'. Das stimmt nach meinen Beobachtungen überhaupt nicht. Als das genaue Gegenteil wurde Bitburg vorgestellt."

Meine Mitarbeiter hatten sehr bald gemerkt, dass die Anwesenheit der beiden Bonner „Gesandten" in dieser Zeit ein Glücksfall für uns war. Kurze Zeit nach dem Staatsbesuch lobte Dr. Gentz in einem Brief an mich ausdrücklich „die hervorragende Zusammenarbeit mit Ihren liebenswürdigen und stets hilfsbereiten Mitarbeiterinnen und Mitarbeitern." Sowohl er als auch Dr. Hartmann dachten gerne an die harte, aber interessante Arbeit in Bitburg zurück. Sie waren beide der Meinung, dass sie die Erlebnisse und Erfahrungen der Bitburger Zeit nicht missen wollten.

IV. Der „Krieg der Sterne"

Unter der Überschrift „Geht der Krieg der Sterne von Bitburg aus?" verbreitete das „Geißblatt" – eine witzig-freche und sehr engagierte Zeitschrift mit Beiträgen unter anderem von Mitgliedern der Friedensiniative Bitburg – in seiner Ausgabe vom April/Mai 1985 das Gerücht, dass ein neues Raketenabwehrsystem (im Volksmund „Krieg der Sterne" genannt), mit dem abfliegende feindliche Raketen zerstört werden können, auf dem US-Flugplatz in Bitburg stationiert werden sollte. Für weitere Aufregung und nicht nur lokalen Zündstoff sorgte dann die in die Welt gesetzte Spekulation, wonach US-Präsident Reagan die Stationierung dieses neuen Waffensystems anlässlich seines Besuches in Bitburg ankündigen würde. Damit hatte die Friedensinitiative Bitburg natürlich ihr Top-Thema gefunden. Hilfestellung leistete ihr dabei die zeitgleiche Veröffentlichung eines Berichts im „Spiegel", der bereits in seiner Ausgabe Nr. 46/84 spekuliert hatte: „Weil jeder F-15-Jäger in 6 Stunden zum Satellitenschreck umgerüstet werden kann, wäre kein sowjetischer General mehr sicher, ob nicht soeben vom US-Stützpunkt Bitburg in der Eifel aufgestiegene F-15-Flugzeuge auch Satellitenkiller unter den Flügeln trügen."

Um zu klären, was es mit dem von der Friedensbewegung verbreiteten Gerücht auf sich hatte, setzte ich mich im März 1985 ohne deren Wissen mit General Robinson, dem damaligen Kommandeur des amerikanischen Flugplatzes Bitburg, zu dem ich ausgezeichnete Beziehungen hatte, in Verbindung. Ich erklärte ihm, dass diese Spekulationen große Beunruhigung in der Bevölkerung unserer Stadt und der Region Bitburg hervorgerufen hätten. In seinen 1998 erschienenen „Erinnerungen an den Flugplatz Bitburg" schrieb Robinson dazu: „Ich erinnere mich, wie der Bürgermeister aufgrund eines bösen Gerüchtes in mein Büro kam. Das Gerücht besagte, Präsident Reagan würde die Stationierung eines neuen Waffensystems ,Krieg der Sterne' in Bitburg ankündigen, was eine Gefahr für die gesamte Region darstelle. Herr Hallet wusste, dass ich nicht über heikle oder geheime militärische Pläne sprechen durfte. Wenn dieses Gerücht allerdings dementiert werden könnte, so würde das der Bevölkerung helfen. Ich sagte ihm, dass das Gerücht barer Unsinn sei und bat ihn, uns zu informieren, wenn weitere unsinnige Ideen solcher Art aufkämen." Robinson erinnerte sich weiter: „In Bezug auf den Besuch war dieser Zwischenfall von geringerer Bedeutung, aber er macht doch die Vertrauensbasis, die sich zwischen uns entwickelt hatte, deutlich." Vor einiger Zeit machte der inzwischen pensionierte General anlässlich einer Europareise mit seiner Frau Pat auch in Bitburg Station. Und es war alles noch so, wie es sowohl Robinson als auch ich von damals noch in Erinnerung hatten: der freundschaftliche und vertraute Umgang zwischen uns, sein immer noch ausgezeichnetes Deutsch und mein nach wie vor mangelhaftes Englisch.

Für die Besprechung schwieriger Probleme war es besonders hilfreich, dass General Robinson, der zwei Jahre an der Universität Freiburg i. Breisgau Mathematik studiert hatte, ein vorzügliches Deutsch sprach. Aufgrund seiner Auskunft, und ohne die Informationsquelle zu nennen, teilte ich dann der Friedensinitiative Bitburg schriftlich mit, dass ihre Spekulationen keinen realistischen Hintergrund hätten. Ich gab ihr nachdrücklich zu verstehen, dass der Besuch des amerikanischen Präsidenten in Bitburg überhaupt nichts mit rüstungstechnologischen Plänen zu tun habe. Vielmehr solle vor allem des 40. Jahrestages des Kriegsendes gedacht werden. Aufgrund meines Wissensstandes hätte ich keine Veranlassung, bei der Bundesregierung um weitergehende Informationen nachzufragen oder gar Besorgnis auszudrücken. Mit dieser eindeutigen Erklärung vermochte ich jedoch die Bedenken und Befürchtungen der Friedensinitiative Bitburg nicht zu zerstreuen, denn einige Zeit danach richtete sie an mich die etwas ausgefallene Bitte, anlässlich des Reagan-Besuches an ihren Protestaktionen und Demonstrationen teilzunehmen. Natürlich war den Sprechern der Friedensinitiative klar, dass ich diese wohl nicht ganz ernst gemeinte Bitte abschlagen musste. Betont höflich bat ich sie um Verständnis dafür, dass ich als Bürgermeister beim Staatsbesuch nicht unter den Teilnehmern von Demonstrationen oder bei sonstigen Aktionen der Friedensinitiative zu finden sein würde; denn ich hätte dann andere Aufgaben zu erfüllen.

Bei früheren Aktionen der Friedensinitiative Bitburg hatte ich mich mehrmals eingeschaltet und versucht, die Amerikaner vom Flugplatz Bitburg von deren friedlichen Absichten zu überzeugen und ihren Standpunkt zu erklären. Das ist mir hin und wieder auch gelungen. Diesmal aber – beim Gerücht über den „Krieg der Sterne" – war angesichts der ohnehin schon angeheizten Stimmung in der Bitburger Bevölkerung nur ein eindeutiges Dementi und eine entschiedene Zurückweisung aller durch dieses Gerücht ausgelösten Spekulationen angebracht. Leider ist das „Geißblatt", diese einst erfrischend-kritische und frech-satirische Stimme Bitburgs, längst verstummt und die Stadt seitdem etwas weniger aufregend geworden.

V. Das durfte nicht passieren

In seinen Memoiren „Turmoil and Triumph. My years as Secretary of State" („Aufruhr und Triumph. Meine Jahre als Außenminister") erinnert sich der frühere US-Außenminister George P. Shultz daran, dass erst am 11. April 1985 die Mitteilung zu ihm gelangte, dass Präsident Reagan und Kanzler Kohl auf dem deutschen Militärfriedhof in Bitburg einen Kranz niederlegen wollten. Er war über diese Information so überrascht, dass er vermerkt: „Das war das erste Mal, dass ich überhaupt von Bitburg hörte." Einige Tage später erfuhr er dann, dass auf diesem Friedhof auch Angehörige der Waffen-SS begraben liegen. Und er notiert: „Der Zorn über Bitburg wuchs sich zu einem Fieberanfall aus." Verärgert und empört erzählt Shultz in seinen Memoiren sodann die Geschichte vom Vorausteam des Weißen Hauses, das speziell danach gefragt habe, ob es dort auch SS-Gräber gäbe. „Hier gibt es keine peinlichen Überraschungen", hätten die Deutschen versichert.

So ähnlich erzählt auch Michael K. Deaver, der damalige PR-Berater Präsident Reagans, in seinem Buch „Behind the Scenes" („Hinter den Kulissen") eine merkwürdige Geschichte: „Helmut Kohl schlug einen gemeinsamen Besuch des Militärfriedhofs in Bitburg zu Ehren aller unserer toten Soldaten vor. Wir stellten die Frage, die wir bei solchen Reisen immer stellten: Gab es dort irgendetwas, das für unseren Präsidenten oder für unser Land peinlich sein könnte? Die Antwort war nein." Und Deaver fährt fort mit einem kurzen Bericht über die Begehung des Bitburger Soldatenfriedhofes: „Wir konnten keine Fallstricke entdecken. Es war Februar. Die meisten Inschriften der Gräber waren mit Schnee bedeckt. Ich beendete die Reise, und das Rad kam in Bewegung."

Diesen Sätzen ist zu entnehmen, dass damit die Recherchen nach eventuell vorhandenen Gräbern von Gefallenen der Waffen-SS beendet waren. Hochrangige amerikanische Verantwortliche für die Vorbereitung des Staatsbesuches gaben sich also damit zufrieden, nichts in Erfahrung gebracht zu haben! Sie kamen nicht einmal auf die Idee, in dieser wichtigen Angelegenheit Kontakt zu ihren Landsleuten auf dem Flugplatz und zu den deutschen Behörden in Bitburg aufzunehmen. Oder aber – was ja nahe gelegen hätte – wenigstens den Friedhofswärter zu befragen. Von einer der Wichtigkeit dieses Staatsbesuches angemessenen Ernsthaftigkeit und Sorgfalt bei den Vorbereitungen ist bei diesem Ausflug nach Bitburg keine Spur. Stattdessen spricht aus den Erinnerungen eine lässige Leichtfertigkeit und geradezu naive Sorglosigkeit.

Die Geschichten dieser beiden ranghohen Repräsentanten der US-Regierung stecken voller Ungereimtheiten. Seinen eigenen Worten zufolge ging es bereits auf

Mitte April zu, als US-Außenminister Shultz zum ersten Mal etwas von Bitburg gehört haben will. Das ist kaum zu glauben, da zu diesem Zeitpunkt sowohl der Kommandeur des US-Flugplatzes Bitburg als auch ich schon mit Besuchern aus dem Weißen Haus Gespräche über den bevorstehenden Staatsbesuch und über das Besuchsprogramm geführt hatten. Diese bedenklichen Kommunikationsstörungen und Informationsversäumnisse auf höchster Ebene sind nicht nur mit der Dramatik der Lage in Washington zu erklären.

Zu den vielen Ungereimtheiten gehört auch die Antwort auf die Frage nach SS-Gräbern auf dem Bitburger Friedhof. „Hier gibt es keine peinlichen Überraschungen", hätten die Deutschen angeblich versichert. Welche Deutschen, so muss gefragt werden, haben das versichert? „Die Deutschen" – damit können nur Gesprächspartner aus dem Bundeskanzleramt oder aus der Bonner Administration gemeint sein. Ich halte es durchaus für möglich, dass selbst sie nicht wussten, dass auf fast allen deutschen Soldatenfriedhöfen auch Angehörige der Waffen-SS beerdigt sind. Und vermutlich war ihnen deshalb nicht bekannt, dass das auch in Bitburg der Fall ist; denn zu keinem Zeitpunkt ist in unserer Verwaltung und dem für den Soldatenfriedhof Kolmeshöhe zuständigen Standesamt unseres Hauses eine Anfrage des Bundeskanzleramtes, der US-Botschaft in Bonn oder einer US-Behörde aus Washington betreffs der Belegung und Belegungszahlen des Soldatenfriedhofes eingegangen.

Dies sind indes keine kleinen Pannen, wie sie durchaus immer wieder einmal vorkommen können. Vielmehr handelt es sich hier um folgenschwere Versäumnisse, die auf einen fahrlässigen und leichtfertigen Umgang mit schwer wiegenden Fakten schließen lassen. Und nicht zuletzt drängt sich dadurch sogar der Verdacht auf, dass auf deutscher Seite anfänglich davon ausgegangen wurde, auf dem Bitburger Friedhof lägen sowohl deutsche als auch amerikanische Kriegstote begraben. Oder aber – und auch das ist möglich – beide Seiten wussten genau Bescheid und hatten die Sprengkraft des Themas „Gefallene der Waffen-SS auf deutschen Kriegsfriedhöfen" auch 40 Jahre nach Kriegsende gewaltig unterschätzt. Sollte dies jedoch zutreffen, so haben nicht nur zwei erfahrene Staatsmänner, sondern auch Scharen hochrangiger Politiker und Berater einen erschreckenden Mangel an Einfühlungsvermögen und Sensibilität bewiesen. Wer hätte so viel Wirrwarr und Inkompetenz in Bonn und Washington vermutet?

Durch die Aufsehen erregende Berichterstattung in den Medien wurde nun der Eindruck erweckt, als handele es sich bei den Gräbern der Angehörigen der Waffen-SS um ein sorgsam gehütetes und nur Eingeweihten bekanntes Geheimnis, das nach nunmehr 40 Jahren endlich von Journalisten aufgedeckt worden und ans Tageslicht gekommen sei. Die Wirklichkeit sah indes ganz anders aus und wurde dabei völlig ausgeblendet: Bereits seit der Einweihung des Soldatenfriedhofes im Jahre 1959 – damals also seit 25 Jahren – findet alljährlich im November am Volkstrauertag eine Gedenkfeier mit Kranzniederlegung für die Toten der beiden Weltkriege statt, an der stets auch Abordnungen des US-Flugplatzes und der französischen Garnison Bitburg teilnahmen. Kein amerikanischer oder französischer Kommandeur hat dabei jemals an den dort ruhenden Gefallenen der Waffen-SS – in deren Grabplatten wie in allen anderen Name, Dienstgrad und Todestag eingemeißelt und für alle Teilnehmer an der Gedenkfeier, wie auch für alle Friedhofsbesucher, gut sichtbar waren – Anstoß genommen oder auch nur ein Wort des Missfallens geäußert.

Auf dem Höhepunkt der inneramerikanischen Auseinandersetzungen und Proteste gegen den geplanten Friedhofsbesuch des US-Präsidenten stieß der damalige Stabschef des Weißen Hauses, Don Regan, den Seufzer aus: „Bitburg bringt uns noch um." Die Vorbereitungen und Festlegungen für den Besuch in Bitburg waren Mitte April jedoch schon so weit fortgeschritten, dass Präsident Reagan trotz der leidenschaftlichen inneramerikanischen und weltweiten Proteste nun keine andere Wahl mehr hatte, als während seines Staatsbesuches in der Bundesrepublik auch den Soldatenfriedhof Kolmeshöhe zu besuchen.

Sowohl während der Vorbereitungen des Besuches als auch am 5. Mai selbst gab es noch mehrere kleinere und größere Pannen, die man bei einem solch wichtigen und weltweit beachteten Staatsbesuch nicht vermuten würde.

Mit Oberst James Stewart, dem Vizekommandeur des Bitburger Flugplatzes, hatte ich hin und wieder zu tun. Auch von offiziellen Anlässen her kannten wir uns bereits. Oberst Stewart war sehr umgänglich, und wir kamen gut miteinander aus. Er war für die Organisation und die Vorbereitungen des Präsidenten- und Kanzlerbesuches auf dem Flugplatz zuständig. Einige Tage vor dem 5. Mai fand im Kino auf dem Flugplatz eine Informationsversammlung statt, zu der er Vertreter der deutschen und amerikanischen Seite eingeladen hatte und in der er über den Stand der Vorbereitungen und über das Besuchsprogramm berichten und informieren wollte. Der Saal war zwar voll, die deutsche Seite jedoch nur schwach vertreten. Neben mir saß Dr. Walter Neuer, Ministerialdirektor im Bundeskanzleramt, mit dem ich einige Neuigkeiten und aktuelle Erfahrungen austauschte. Obwohl wir dem Vortrag Oberst Stewarts nicht konzentriert gefolgt waren, fiel uns auf, dass dieser bei der Erläuterung des Besuchsprogramms ausschließlich vom amerikanischen Präsidenten sprach. Der deutsche Bundeskanzler kam in seinem Vortrag überhaupt nicht vor. Das hörte sich dann folgendermaßen an: „The President wird landen …", „The President wird eine Ehrenformation abschreiten …", „The President wird zum Militärfriedhof abfahren …", usw. Als der Bundeskanzler im weiteren Verlauf des Informationsvortrages immer noch nicht vorkam, sprachen wir einen deutschen Verbindungsoffizier an und baten ihn, den Oberst darauf aufmerksam zu machen, dass eben nicht nur der US-Präsident, sondern auch der deutsche Bundeskanzler nach Bitburg kommen würde. Daraufhin entschuldigte sich Stewart und ergänzte nunmehr korrekt „The President and the German Chancellor …".

Als der inzwischen pensionierte Oberst Stewart vor einigen Jahren anlässlich einer Deutschlandreise mit seiner Frau und einer Gruppe befreundeter amerikanischer Landsleute auch Bitburg besuchte, gab ich diese kleine Geschichte bei einem Dinner zum Besten. Ich hatte den Eindruck, dass alle, einschließlich James Stewarts, mit dem Verlauf dieser Informationsversammlung einverstanden waren.

> Schwäbische Donauzeitung vom 26. April 1985
>
> **Fast 200 US-Abgeordnete appellieren an Kohl:**
>
> # Reagan soll nicht zum Soldatenfriedhof Bitburg
>
> Heilbronner Stimme vom 29. April 1985
>
> # Kohl will sich nicht unter Druck setzen lassen
>
> **Reagan-Besuch in Bitburg weiter heftig umstritten**
>
> NORDBAYERISCHER KURIER vom 20. April 1985
>
> # Bitburg beherrscht die US-Medien
>
> Reagans Besuchsprogramm sorgt für Brisanz – Deutsche Botschaft wird bestürmt
>
> Die RHEINPFALZ vom 30. April 1985
>
> # „Bitburg ein besonderes Symbol für deutsch-amerikanische Freundschaft"
>
> NRZ – Neue Ruhrzeitung vom 2. Mai 1985
>
> # Protestwelle in Israel gegen Reagans Besuch in Bitburg
>
> Berliner Morgenpost vom 28. April 1985
>
> Washingtoner Politiker drohen mit Konsequenzen
>
> # Auch der amerikanische Senat gegen Bitburg-Besuch Reagans

Das Thema „Bitburg" beherrschte im April und Anfang Mai die Titelseiten der deutschen Zeitungen. Hier eine kleine Auswahl von Schlagzeilen.

Auch uns in Bitburg war nicht verborgen geblieben, dass Ronald Reagan in seinem Land gewaltig unter Druck stand. Das wirkte sich auch auf das Besuchsprogramm in Bitburg aus, das mehrmals abgeändert wurde. So wurde zum Beispiel die Aufenthaltsdauer des US-Präsidenten und des Bundeskanzlers in Bitburg von ursprünglich zwei auf nur noch anderthalb Stunden und die Dauer des Friedhofsbe-

> Dürener Zeitung vom 27. April 1985
>
> **Viel Zustimmung in Deutschland für Reagans Programm**
>
> NRZ – Neue Ruhrzeitung vom 29. April 1985
>
> Streit um Bitburg-Besuch zugespitzt
>
> **Heftiger Druck auf Reagan und Kohl**
>
> Aachener Volkszeitung vom 26. April 1985
>
> **Kohl sieht Besuch in Bitburg als Versöhnungs-Beitrag**
>
> Hamburger Morgenpost vom 1. Mai 1985
>
> **Sagt Reagan in letzter Sekunde Bitburg-Besuch ab?**
>
> Vorwärts vom 27. April 1985
>
> **In Washington rauft man sich die Haare**
> Kohl trägt die Hauptschuld

Die Schlagzeilen spiegelten deutlich die gegensätzlichen Meinungen der Öffentlichkeit zum geplanten Staatsbesuch von Reagan und Kohl wieder.

suches von 20 auf 10 Minuten reduziert. Ursprünglich sollte anlässlich des Besuches auf dem Friedhof neben der deutschen Bundesfahne auch das Sternenbanner gehisst werden. Es blieb indes bei der deutschen Nationalflagge – das Sternenbanner fehlte. Im ursprünglichen Programm war auch ein Mittagessen des amerikanischen Präsidenten und des deutschen Bundeskanzlers mit amerikanischen und deutschen Soldaten und deren Familienangehörigen vorgesehen. Dieser Programmpunkt wurde später jedoch ganz gestrichen. Die beiden NATO-Generäle Johannes Steinhoff und Matthew B. Ridgeway, die den Bundeskanzler und den US-Präsidenten beim Besuch des Soldatenfriedhofs begleiteten, waren nicht im mehrmals abgeänderten Besuchsprogramm aufgeführt, ebenso fehlten auch die Namen der Angehörigen der Widerstandskämpfer, die von Reagan und Kohl vor Verlassen des Friedhofs begrüßt wurden. Wahrscheinlich wurden sowohl die beiden Generäle als auch die Gruppe der Angehörigen erst im letzten Moment in das Besuchsprogramm aufgenommen.

In der Begleitung von Reagan war auch der durch die inneramerikanischen Querelen stark strapazierte US-Außenminister George P. Shultz mit nach Bitburg gekommen. Unser Außenminister Hans-Dietrich Genscher als Begleiter des Bundeskanzlers war hingegen zunächst nicht zu entdecken. Jedoch wurde er im deutschen Protokoll unter denen, die in der Präsidentenkolonne mit zum Friedhof fahren sollten, namentlich aufgeführt. Warum also war Genscher nicht dabei? War er direkt zum Friedhof gefahren? Erst nach Rückkehr der Präsidentenkolonne auf den Flugplatz war der deutsche Außenminister unter den Ehrengästen in der ersten Reihe zu sehen. Des Rätsels Lösung war einem im Dezember 1985 erschienenen Bericht in der „New York Times" zu entnehmen: Genscher wäre beinahe den strengen Sicherheitsbestimmungen der Amerikaner zum Opfer gefallen. Weil die Präsidentenmaschine bereits auf dem Flugplatz gelandet war, sollte die später eintreffende Maschine des deutschen Außenministers keine Landeerlaubnis mehr erhalten. Erst nachdem Genscher mit dem sofortigen Rückflug nach Bonn und einem diplomatischen Skandal gedroht hatte, wies ein hochrangiger Offizier das Tower-Personal an, die Landeerlaubnis zu erteilen. Dieser Vorfall bestätigt, was General Robinson in seinen „Erinnerungen an den Flugplatz Bitburg" schrieb: „Am 5. Mai bestimmten die Mitarbeiter des Weißen Hauses das Leben auf dem Flugplatz." Genau dasselbe galt für den Soldatenfriedhof Kolmeshöhe und seine Umgebung sowie für die Straßen und Anlieger, die auf der Route der Präsidentenkolonne lagen.

Kurz nach dem Besuch des US-Präsidenten und des Bundeskanzlers erreichte uns dann noch eine Anfrage der deutschen Botschaft in Washington, Informationsbüro New York: „Das Informationsbüro ist aus der amerikanischen Öffentlichkeit gefragt worden, wem der Gedenkturm auf dem Bitburger Soldatenfriedhof gewidmet ist und welche Inschrift er trägt. Für entsprechende Auskunft wäre ich dankbar." Obwohl ich mich mit dem amerikanischen Sicherheitsdenken einigermaßen vertraut gemacht und einschlägige Erfahrungen auf diesem Gebiet gesammelt hatte und mir die Sensibilität der Amerikaner in NS-Angelegenheiten nicht unbekannt war, fiel es mir schwer, hinsichtlich der Eilbedürftigkeit dieser spätabendlichen Anfrage mehr als nur ein Minimum an Verständnis aufzubringen – und das war bei allen der Fall, die diesen Abend ungestört in gemütlicher Runde ausklingen lassen wollten. Zumal ja bereits vor dem Besuch die Gedenkhalle einschließlich des Spruches von amerikanischen Sicherheitsbeamten intensiv geprüft worden war.

VI. Proteste und ein spontanes Gedenken

Unter den vielen Demonstranten und Aktivistengruppen, die sich in der zweiten Aprilhälfte in Bitburg aufhielten, befand sich eine etwa 500 Personen starke Gruppe, von der ich hörte, dass sie militant aufträte und größere Protestaktionen plane. Ein Sprecher dieser Gruppe, die sich „Weltverband jüdischer Studenten – Sektion Europa" nannte, vereinbarte mit meiner Sekretärin einen Gesprächstermin für eine Abordnung von etwa 20 Personen. Dieses schwierige Gespräch fand im Sitzungssaal des Rathauses statt. Unter meinen Gesprächspartnern, darüber war ich mir im Klaren, waren sehr wahrscheinlich auch Nachkommen von Überlebenden des Holocaust. Ich war deshalb auch nicht überrascht über ihren sehr leidenschaftlichen Protest sowie über ihre Wut und Empörung, die sich gegen den Besuch des Soldatenfriedhofes mit den 49 Gräbern von Angehörigen der Waffen-SS durch den US-Präsidenten richteten. Gegen die heftig vorgebrachten Argumente und Emotionen anzudiskutieren, wäre zwecklos und auch unangebracht gewesen. Vielmehr wollte ich meine jüdischen Besucher spüren lassen, dass ich nicht nur Verständnis für das hatte, was sie so stark bewegte, sondern ich wollte ihnen auch zu erkennen geben, dass mich ebenfalls Gefühle der Scham über das unfassbare und barbarische Geschehen während der NS-Diktatur und über das Geschehenlassen dieser Untaten bedrückten und bewegten. Bei diesem langen Gespräch wurde mir wie nie zuvor bewusst, dass die SS-Runen auch heute noch, 40 Jahre nach Kriegsende, viele Menschen in Angst und Schrecken versetzen und bei diesen jungen Juden, die den Holocaust vor Augen hatten, tiefe Abscheu hervorriefen.

Es war mir jedoch nicht möglich, meinen Gesprächspartnern zu vermitteln, dass die auf dem Bitburger Soldatenfriedhof begrabenen Angehörigen der Waffen-SS – die in den amerikanischen Medien als Mörder verunglimpft wurden und denen trotz aller Nachforschungen persönlich keine Gräueltaten nachgewiesen werden konnten – nicht mit der Mörder- und Henker-SS und deren Untaten gleichzusetzen waren. Erfreulicherweise ging im weiteren Verlauf des Gespräches jedoch nicht die Einsicht verloren, dass Kollektivbeschuldigungen und Pauschalverurteilungen nicht mit jüdischer und christlicher Ethik zu vereinbaren sind und dass Schuld immer nur etwas Persönliches – nämlich individuelle Schuld – sein kann. Dennoch wurde dann noch auf die Meinung des jüdischen Schriftstellers, Auschwitz- und Buchenwaldhäftlings und Friedensnobelpreisträgers Elie Wiesel zu diesem Thema hingewiesen. Wiesel (der in den inneramerikanischen Auseinandersetzungen um den Friedhofsbesuch einer der schärfsten Kritiker von Präsident Reagan war) hatte

> *Sehr geehrter Herr Präsident Reagan!*
> *Sehr geehrter Herr Bundeskanzler Kohl!*
>
> *Wir begrüßen Ihre Absicht, die Gräber junger gefallener Deutscher zu ehren.*
> *Dürfen wir Ihnen dafür einen Vorschlag machen? Kommen Sie – statt nach Bitburg – zum Grab eines jungen Mädchens, das am 22.2.43 von den Nazis enthauptet wurde.*
> *Sie sagte: „Es fallen so viele für dieses Regime, es ist Zeit, daß jemand dagegen fällt."*
> *Der Name des Mädchens ist Sophie Scholl. Sie ist zusammen mit ihrem Bruder, ihren Freunden der WEISSEN ROSE und über 4.000 in Dachau Ermordeten in München begraben.*
> *Sie ehren damit alle Deutschen, die im Widerstand gegen die Nazis gefallen sind.*
>
> *Franz J. Müller, Hans Hirzel, Heiner Guter*
> *Widerstandskämpfer der WEISSEN ROSE,*
> *Ende April 45 von der US-Army befreit*

In einem „offenen Brief" an US-Präsident Ronald Reagan und Bundeskanzler Helmut Kohl nahmen drei überlebende Mitglieder der Münchner Widerstandorganisation „Weiße Rose" zu dem geplanten Besuch Reagans auf dem Soldatenfriedhof in Bitburg Stellung. Der Brief erschien am 26. April 1985 in der „Frankfurter Rundschau".

einst geäußert, da er nicht an die Kollektivschuld glaube, könne er auch nicht an die Kollektivunschuld glauben.

Vor allem die sehr stolz und kämpferisch auftretende Studentin Edith beteiligte sich überaus engagiert an der Diskussion und meldete sich häufig zu Wort. Sie lehnte es zunächst auch ab, sich zum Schluss mit den anderen und mir fotografieren zu lassen. Nach einigem Zureden ließ sie sich dann doch noch zum dem gemeinsamen Foto bewegen.

Diese Aktivistengruppe, die ich wegen des offen und ernsthaft geführten Gespräches und wegen der lebhaften Diskussion in bester Erinnerung habe, machte später unserer Polizei noch schwer zu schaffen. Die immerhin etwa 500 Personen umfassende Gruppe versuchte nämlich, während der Anfahrt von Kohl und Reagan zur Kolmeshöhe dorthin vorzudringen und die Zufahrtsstraße und den Eingang zum Friedhof zu blockieren. Es war ein hartes Stück Arbeit, das zu verhindern.

Unter den aus den USA angereisten Journalisten, Politikern, Veteranen und den Abordnungen verschiedener Organisationen, die sich vor dem Präsidentenbesuch in Bitburg aufhielten, befanden sich auch zwölf jüdische Staatssenatoren. Diese „state senators" waren jedoch keine Senatoren aus Washington, sondern Politiker aus einzelnen Bundesstaaten der USA. Sie hatten sich auch nicht in Bitburg oder in unserer Region, sondern im Großherzogtum Luxemburg einquartiert. Mit ihnen hatte ich ebenfalls ein Gespräch im Sitzungssaal des Rathauses vereinbart. Die Senatoren waren dabei sehr höflich und um eine entspannte Atmosphäre bemüht, ohne sich jedoch mit Unmutsäußerungen und Kritik am Friedhofsbesuch von Präsident Reagan zurückzuhalten. Sie kündigten an, dass sie ihren Protest im Unterschied zu anderen jüdischen Demonstranten auf folgende Art und Weise zum Ausdruck bringen würden: „Wir werden uns an den Straßenrand stellen und bei der Vorbeifahrt Reagans lediglich unsere Häupter senken."

Der kleine jüdische Friedhof, der unterhalb eines städtischen Friedhofs und einige Kilometer vom Soldatenfriedhof entfernt liegt (und den wir in diesen unruhigen Wochen vor dem 5. Mai wie unseren Augapfel hüteten), wurde in den deutschen und amerikanischen Medien kaum beachtet. Es bedarf keiner großen Fantasie, um sich vorzustellen, wie die Schlagzeilen gelautet und die Reaktionen ausgesehen hätten, wenn dieser Friedhof und seine Gräber angetastet worden wären. In ihrer allen Journalisten an die Hand gegebenen „Press-Information: Visit of President Ronald Reagan" vergaßen die Amerikaner nicht, darauf hinzuweisen, dass der Bitburger Bürgermeister in jedem Jahr auch einen Kranz auf dem jüdischen Friedhof niederlegt. Diese Kranzniederlegung im November, die erstmals 1983 stattfand, ist mit einem Gedenken an die schändlichen Terroraktionen in der Pogromnacht vom 9./10. November 1938 verbunden.

Im „Bitburger Stadt- und Landboten" vom 8. November 2003 heißt es unter der Überschrift „Gegen das Vergessen" unter anderem: „Alljährlich ehrt die Stadt Bitburg mit der Kranzniederlegung ihre ehemaligen jüdischen Mitbürger und will damit ein Zeichen setzen. Durch das Wachhalten der Erinnerung an die Gräueltaten der Nationalsozialisten soll verhindert werden, dass Ähnliches in Deutschland jemals wieder geschehen kann. Auch in Bitburg gab es bis zur Machtübernahme der Nationalsozialisten eine lebendige jüdische Gemeinde. […] Bis 1933 gab es ein freundschaftliches und friedvolles Miteinander mit der restlichen Bitburger Bevölkerung. Nach 1933 wanderten viele Bitburger Juden aus, und die nach 1939 verbliebenen zehn jüdischen Mitbürger wurden bis zum Sommer 1942 von den Nationalsozialisten in Vernichtungslager deportiert. Das größte Verbrechen in der Menschheitsgeschichte hat somit auch in Bitburg seine Spuren hinterlassen."

Weil die Augen aller Politiker und Medienvertreter die ganze Zeit über nur auf den Friedhof Kolmeshöhe gerichtet waren, kündigte ich – einem spontanen Gedanken folgend – für den Vorabend des 5. Mai eine Kranzniederlegung auf dem jüdischen Friedhof an. Im Mittelpunkt des damit verbundenen Gedenkens stand ein Spruch aus den Psalmen: „Ich aber bin ein Wurm und kein Mensch, ein Spott der Leute und verachtet vom Volke." In meiner Ansprache erinnerte ich eindringlich daran, was den jüdischen Menschen in Europa angetan wurde, bevor sie ermordet und plan- und fabrikmäßig vernichtet wurden: die unzähligen und unmenschlichen Schikanen, Demütigungen und Quälereien, die Ächtung völlig unschuldiger Männer, Frauen und Kinder und die ständigen teuflischen Bosheiten, die dem Sterben als Arbeitssklaven, dem Hungertod und dem Mord in den Todeslagern vorangingen.

Seit 1983 legt der Bürgermeister Bitburgs jährlich im November einen Kranz auf dem jüdischen Friedhof der Stadt nieder, um der Pogromnacht vom 9./10. November 1938 und der Opfer des Holocaust zu gedenken. Hier die Kranzniederlegung durch Bürgermeister Dr. Joachim Streit im Jahre 2003.

Zum Schluss legte ich dann einen Kranz zum Gedenken an alle ermordeten und verfolgten Juden Europas nieder.

Es war nur eine kleine Gruppe, die sich zu dieser Kranzniederlegung auf dem jüdischen Friedhof eingefunden hatte. Sie wurde durch das Geschehen in der Innenstadt, die von Veteranenverbänden und jüdischen Demonstranten aus den USA und Europa sowie von Aktivistengruppen aus Deutschland bevölkert war, in den Hintergrund gedrängt. Einen Tag vor dem Besuch des amerikanischen Präsidenten und des deutschen Kanzlers interessierten sich die vielen Menschen und zahlreichen Journalisten aus dem In- und Ausland nur für das, was sich im Stadtzentrum und rund um die Kolmeshöhe abspielte und ereignete. Doch mir und den Teilnehmern dieser kleinen Gedenkveranstaltung war es wichtig, mit der Kranzniederlegung ein Zeichen wider das Vergessen zu setzen.

VII. Safety first!

Die schmerzlichen und bitteren Erfahrungen, die wir bislang mit den Reaktionen auf den bevorstehenden Staatsbesuch Reagans und Kohls gemacht hatten, waren nicht dazu angetan, uns für die letzte Phase vor dem 5. Mai positiv zu stimmen. Wir waren deshalb sehr gespannt, wie sich das angekündigte Vorausteam des Weißen Hauses präsentieren würde, das in der zweiten Aprilhälfte seine Visitenkarte bei uns im Rathaus abgab. Zur Überraschung der deutschen Seite war darauf nicht das US-Emblem, sondern das Bitburger Stadtwappen zu sehen. Interessant war auch der Text der Visitenkarte: „To reach the Bitburg White House Switchboard, dial 06561-7085, David Harris, Lead Advance" (Das Weiße Haus in Bitburg ist zu erreichen unter der Rufnummer 06561-7085, David Harris, Chef des Vorausteams).

Sämtliche Mitglieder des Stabes von David Harris hatten ihr Quartier auf dem Bitburger Flugplatz bezogen und fuhren Pkw mit dem deutschen Kennzeichen HH. Bis zum 5. Mai waren diese hellwachen Leute vom Vorausteam – manchmal drei, ein andermal vier – unsere wichtigsten Gesprächspartner. Sie waren kompetent, geschickt, zielstrebig, zuverlässig und sehr patriotisch. Mit anderen Worten: Es waren Amerikaner zum Vorzeigen. Harris, den Verhandlungsführer und Chef des amerikanischen Stabes, habe ich als einen fairen, gewandten und entscheidungsfreudigen Gesprächspartner in Erinnerung. Weil es sich so ergab – und weil es zweckmäßig erschien – war ich der von niemandem beauftragte Sprecher der deutschen Seite, zu der je nach Sachlage und Thematik die Bonner Legationsräte, der Kreispolizeichef und der Büroleiter unseres Hauses gehörten. Die Besprechungen mit den Amerikanern fanden je nach Bedarf,

Die Visitenkarte des Vorausteams des Weißen Hauses zeigte überraschenderweise nicht das Staatswappen der USA, sondern das Bitburger Stadtwappen.

manchmal aber auch täglich, in meinem Büro statt. Das Vorausteam des Weißen Hauses war insbesondere zuständig für die umfassenden Sicherheitsvorkehrungen, die wegen des bevorstehenden Präsidentenbesuches zu treffen waren. Ebenso oblag ihm die Festlegung der Fahrtstrecke der Präsidentenkolonne vom US-Flugplatz zum Soldatenfriedhof Kolmeshöhe und zurück – in beiden Fällen nach Abstimmung mit der deutschen Seite. Protokollfragen wurden auf eine angenehme Art von der Staatskanzlei in Mainz nach Absprache mit dem Bundeskanzleramt und den Amerikanern (in Einzelfällen auch mit unserer Stadtverwaltung) geregelt.

Wir hatten es bei dem Vorausteam mit höflichen jüngeren Herren zu tun, die durchweg die leisen Töne bevorzugten. Aber immer dann, wenn es um die Sicherheit ihres Präsidenten ging, traten die für die Sicherheit zuständigen Beamten des Teams wie zu Hause auf. Die rigorose Selbstverständlichkeit, mit der sie den Ablauf der Visite und die Sicherheitsvorkehrungen diktierten, stieß bei uns nicht nur auf Erstaunen, sondern mitunter auch auf widerwilliges Kopfschütteln. Nicht weniger bestimmend traten die US-Sicherheitsbeamten in punkto Sicherheitsvorkehrungen vor dem Besuch und besonders rigoros am Besuchstag selbst auf dem amerikanischen Flugplatz auf.

Auch bei Anlässen und in Angelegenheiten, die uns kleinlich und unwichtig erschienen, demonstrierten die Amerikaner stets, wer auf diesem Gebiet das Sagen hatte. Erstaunt war ich darüber, dass über die Sicherheit des deutschen Bundeskanzlers überhaupt nicht gesprochen wurde und dass kein Sicherheitsbeamter des Bundeskanzleramtes an unseren Besprechungen teilnahm. Meinem Eindruck nach wurde stillschweigend davon ausgegangen, dass das, was für die Sicherheit des US-Präsidenten richtig und wichtig war, auch für den Bundeskanzler Geltung hatte und hinreichend Schutz bot – zumal Reagan und Kohl vom Anfang bis zum Ende ihres Besuches in Bitburg immer gemeinsam und sozusagen Seite an Seite auftraten. Deutsche und Amerikaner hatten indes eine gemeinsame Sorge: Uns plagte damals die Vorstellung, dass den beiden Staatsmännern in unserer Stadt oder auf dem Soldatenfriedhof etwas zustoßen könnte. Zumal im Vorfeld von einem anonymen Anrufer, der sich als Vietnam-Veteran ausgab, ein Attentat auf den amerikanischen Präsidenten angekündigt wurde und ja bereits im März 1981 in Washington ein Attentat auf Reagan verübt worden war. Aufgrund dieser Befürchtungen war es verständlich und auch beeindruckend, mit welchem Aufwand und mit welcher Sorgfalt die Amerikaner um die Sicherheit ihres Präsidenten bemüht waren. Aufgrund der auf den Amerikanern lastenden Verantwortung, die wir ihnen auch durch die Präsenz starker Polizeikräfte im Stadtgebiet nicht abnehmen konnten, war ich bereit, den von ihnen vorgeschlagenen Sicherheitsvorkehrungen und Sicherheitsaktionen – soweit sie möglich und vertretbar waren – zu folgen und eigene Vorstellungen, sofern sie nicht im unabdingbaren Interesse der deutschen Seite lagen, zurückzustellen.

Zu einem Disput kam es, als der zuständige deutsche Sicherheitsbeamte bei der Besprechung über die Hinfahrtstrecke zum Friedhof einer breiten und für unsere kleinstädtischen Verhältnisse repräsentativen Einfallstraße unbedingt den

Der 1. Beigeordnete Heinrich Schmitz (links) im Gespräch mit Bürgermeister Theo Hallet.

Vorzug gegenüber einer von den Amerikanern vorgeschlagenen, kleineren und ruhiger gelegenen Zufahrtsstraße geben wollte. Er begründete seinen gut gemeinten und hartnäckig vertretenen Vorschlag mit der größeren Überschaubarkeit dieser Straße und mit den umfangreichen Sicherheitsaktionen und -inspektionen (jeder Kanaldeckel wurde versiegelt, usw.), die bereits so gut wie abgeschlossen wären. In Anbetracht der Zuspitzung des Disputs blieb mir nichts anderes übrig, als unmissverständlich abzuwinken und die Verantwortung für die Hinfahrtsstrecke dorthin zu geben, wo sie hingehörte: zu den amerikanischen Sicherheitsbeamten.

Nach einem dieser langen Tage saß ich abends mit meinem Stellvertreter, dem 1. Beigeordneten Heinrich Schmitz und mehreren Mitgliedern des Stadtrates bei einem Glas Bier in einem nahe beim Rathaus gelegenen Hotel zusammen. Es war schon spät – nach meiner Erinnerung nach 22 Uhr –, als ich ans Telefon gerufen wurde. Einer der amerikanischen Sicherheitsbeamten entschuldigte sich wegen des späten Anrufes und bat darum, sich einmal den in der Gedenkhalle des Turmes auf dem Friedhof angebrachten Spruch anschauen zu dürfen. Mein erster Gedanke war, dass er in dem Spruch „Niemand hat größere Liebe denn die, dass er sein Leben lässt für seine Freunde." eine Hinterlassenschaft aus der NS-Zeit vermutete. Dann aber hatte ich den Verdacht, dass es gar nicht um den Spruch ging, sondern dass dies nur ein vorgeschobener Grund war, um die Gedenkhalle aus sicherheitstechnischen Gründen zu inspizieren. Wie dem auch sei: Der Bitte wurde – ohne Nachbetrachtungen anzustellen – gleich am nächsten Tag durch eine Ortsbesichtigung entsprochen.

Das Protokoll sah vor, dass auf einem kleinen Rasen direkt links neben dem Friedhofseingang ein Podest errichtet wurde, auf dessen Stühlen die Ehrengäste – Präsidentengattin Nancy und die Gattin des Bundeskanzlers, Hannelore Kohl, die Begleitpersonen sowie weitere Personen – während der kurzen Gedenkfeier Platz nehmen konnten. Unsere städtischen Arbeiter hatten dieses Podest bereits fachgerecht errichtet, als ich während eines Außentermins in dieser Angelegenheit angesprochen und alarmiert wurde. Die amerikanischen Sicherheitsbeamten hatten das Podest begutachtet und aus ihrer Sicht schwere sicherheitstechnische Mängel festgestellt: Wegen des zu großen Abstandes zwischen Rasen und Podestboden bestünde die Gefahr, dass größere Sprengsätze in die Hohlräume hineingeschoben werden könnten. Zu den gefährdeten Personen würden auch Präsident Reagan und Bundeskanzler Kohl gehören, weil sie den Friedhof in nur geringer Entfernung vom Podest gemeinsam betreten und sich dann nach vorne zum Gedenkturm begeben würden. Unsere Arbeiter mussten also wohl oder übel nachbessern und die beanstandete Lücke im Podest so weit wie möglich schließen.

Nach dem Besuch, Ende Mai, bekam ich Post von David Harris, der – wie bereits erwähnt – als Chef des Vorausteams des Weißen Hauses die Hauptverantwortung für die Sicherheit des Präsidenten während seines Besuches in Bitburg trug. Er schrieb unter anderem Folgendes: „Ich weiß, dass es Zeiten gab, in denen unsere Diskussionen und Verhandlungen etwas schwierig waren; aber wir verstanden beide die große Aufmerksamkeit, die dem Präsidentenbesuch in Bitburg geschenkt wurde, und wir konnten alle Meinungsverschiedenheiten, die wir möglicherweise hatten, auf eine vernünftige Art klären." Im Rückblick hatte ich viel Verständnis für Harris, der schließlich unter einem enormen Druck stand und um seine Aufgabe nicht zu beneiden war.

Vom sicherheitstechnischen Standpunkt aus gesehen war der Besuch des Friedhofs durch den Präsidenten und den Bundeskanzler eine sehr problematische Angelegenheit, denn der Friedhofsbereich war durch die ihn umgebenden Hecken und Baumgruppen nur teilweise überschaubar. Aufgrund dieser schwierigen Sicherheitslage waren aufwändige Sicherheitsmaßnahmen erforderlich. Auch die Zufahrtsstraße, die eine Sackgasse ist, bereitete den Sicherheitsbeamten große Sorgen. Die Anlieger der zum Friedhof führenden Straße mussten daher gründliche Inspektionen und unangenehme Sicherheitsvorkehrungen über sich ergehen lassen. Außerdem bekamen sie zu allem Verdruss auch noch häufig Besuch von US-Reportern, die etwas über ihre Stimmung und ihre Meinung zum Wirbel um den Friedhofsbesuch in Erfahrung bringen wollten. Die Vorstellung, dass sich in dieser am 5. Mai voraussichtlich außergewöhnlich belebten Straße bei der Durchfahrt des Präsidentenkonvois ein Zwischenfall ereignen könnte, löste bei den US-Sicherheitsbeamten und bei den für den Streckenschutz verantwortlichen Polizeibeamten wahre Albträume aus.

Unvergleichlich günstiger und überschaubarer war die Sicherheitslage auf dem Flughafen Bitburg. Doch auch diejenigen, die aufgrund einer Einladung eine besondere Ausweiskarte besaßen und die normale Kontrolle bereits passiert hatten, mussten am 5. Mai noch durch eine besondere Sicherheitsschleuse, bevor sie dann in Richtung Tower weitergehen konnten, um dort auf die Ankunft der „Air Force One", der Präsidentenmaschine, zu warten und mit vielen anderen Deutschen und Amerikanern den US-Präsidenten und den Bundeskanzler sowie deren Begleitung zu begrüßen und willkommen zu heißen. An diesem Tag wurden bei den Sicherheitskontrollen keine Ausnahmen gemacht. Auch bei denen nicht, die bestens bekannt waren und zur Prominenz gezählt wurden. Safety first!

VIII. Die Kriegsgräberliste

Niemand im Rathaus hätte früher daran gedacht, dass die Kriegsgräberliste der Kolmeshöhe eines Tages eine so brisante und hoch aktuelle Bedeutung erhalten würde. Alle auf dem Soldatenfriedhof begrabenen Kriegstoten waren in dieser Liste mit Name und Vorname, Dienstgrad, Geburtsdatum, Sterbedatum, Truppenteil und Heimatanschrift erfasst. Um die beiden letzten Angaben, die natürlich nicht auf den Grabplatten standen, ging es bei den 49 Toten der Waffen-SS. Aus den Angaben über den SS-Truppenteil wollten die Amerikaner Rückschlüsse auf deren Einsatzorte ziehen, um diese dann in Verbindung mit dort begangenen Kriegsverbrechen der Waffen-SS zu bringen. So wurden in einflussreichen amerikanischen Medien zum Beispiel Oradour-sur-Glane und Malmedy (Ardennen-Offensive) immer wieder im Zusammenhang mit den in Bitburg begrabenen 49 Angehörigen der Waffen-SS genannt.

Über ihre Bonner Botschaft hatten die Amerikaner bereits beim Berlin Document Center (BDC), das damals noch unter amerikanischer Verwaltung stand und zu dessen Beständen auch die Personalunterlagen von SS-Angehörigen gehörten, recherchiert. Mit dem Ergebnis, dass von den 49 toten Soldaten der Waffen-SS in Bitburg nur 15 in diesen Berliner SS-Personalunterlagen registriert waren. Bei der Durchleuchtung ihrer militärischen Vergangenheit und Aktivitäten in der Waffen-SS war nichts Stichhaltiges herausgekommen. Einer von ihnen – so wurde uns in einem Fernschreiben mitgeteilt – sei ausgezeichnet worden, weil er unter anderem zehn Amerikaner im Kampf getötet habe. Diese nebulöse Meldung fand aber keine Verbreitung in der Öffentlichkeit.

Weil bei diesen und weiteren Recherchen den fraglichen Soldaten persönlich keine Gräueltaten nachgewiesen werden konnten, konzentrierte sich das Interesse amerikanischer Medienvertreter auf die unter Verschluss gehaltene Kriegsgräberliste in unserem Hause. Wegen der darin eingetragenen Angaben über die militärischen Einheiten, denen die Soldaten angehört hatten, wollten sie diese unbedingt einsehen. Um Missverständnisse zu vermeiden, muss in diesem Zusammenhang klargestellt werden, dass von offizieller amerikanischer Seite niemand an die Stadtverwaltung herantrat und um Einsichtnahme in die Kriegsgräberliste bat.

An der regelrechten Hatz auf diese Liste waren auch deutsche Journalisten und Reporter beteiligt. Ihnen ging es aber hauptsächlich nur um die Heimatanschriften der toten SS-Angehörigen. Es gab Reporter – und nicht nur die der Boulevard-Blätter –, die mit allen Mitteln versuchten, an die für sie interessanten Daten in unseren Gräberlisten heranzukommen. Sie wollten vor allen Dingen mit den Müttern oder Geschwistern der Gefallenen Kontakt aufnehmen, um eine „starke Story" zu bekommen. Einer wollte die Mutter eines Gefallenen ausfindig machen, um ihr ein Plakat mit der Aufschrift: „Thank you, Mr. President!" in die Hand zu drücken. Ein Foto dieser Machart habe ich dann später auch in irgendeiner Zeitung gesehen.

Der Druck der Medien, die für sie interessanten Angaben zu den Gefallenen von uns zu bekommen, wurde von Tag zu Tag größer. Um sicherzugehen, wurden die Gräberlisten deshalb einbruchsicher in einem Tresor aufbewahrt. In Anbetracht dieses makabren Jagdfiebers wies ich wiederholt in Pressekonferenzen, Interviews und anderen Verlautbarungen darauf hin, dass ich in- und ausländischen Journalisten keine Auskunft darüber geben würde, welchen Einheiten die 49 SS-Soldaten angehört hatten. Damit die Angehörigen nicht behelligt werden konnten, wurden auch die Heimatanschriften der Gefallenen und die ihrer Angehörigen nicht preisgegeben. Dasselbe galt selbstverständlich für alle in der Gräberliste eingetragenen Kriegstoten.

Nicht vergessen werde ich einen sehr unangenehmen Zwischenfall, der sich während eines Interviews mit zwei angesehenen Journalisten ereignete. Beide – ein deutscher Journalist von einer bekannten deutschen Tageszeitung und ein amerikanischer Journalist von einer Nachrichtenagentur – saßen bei diesem Gespräch mit mir in meinem Büro. Da klingelte das Telefon, und meine Sekretärin teilte mir mit, dass das Auswärtige Amt mich zu sprechen wünsche. Weil ich nicht in Gegenwart der beiden Journalisten mit dem Anrufer sprechen wollte, ging ich ins Vorzimmer, um von dort aus das Gespräch zu führen. Es war ein kurzes Gespräch, und es war schneller beendet, als meine im Büro zurückgebliebenen Gäste das erwartet hatten. Als ich zurückkam, standen beide vor meinem Schreibtisch und blätterten in der Kriegsgräberliste, die ich aufgeschlagen liegengelassen hatte. Meine große Enttäuschung gab ich in etwa so zum Ausdruck: „Ich kann mir nicht vorstellen, dass Ihre Chefredakteure mit diesem Verhalten einverstanden sind. Unter diesen Umständen ist es wohl besser, wenn wir unser Gespräch beenden." Dem stimmten die beiden Herren zu. Wegen meiner Weigerung, den in- und ausländischen Journalisten die in der Gräberliste eingetragenen Angaben über die auf dem Friedhof Kolmeshöhe ruhenden Kriegstoten zugänglich zu machen, kam es bald danach zu unfreundlichen Reaktionen in einigen US-Medien.

Die wochenlangen Verdächtigungen und Beschimpfungen taten schließlich ihre Wirkung in der Bevölkerung: Die Stimmung wurde immer gereizter, und der Unmut wuchs. Es wirkte abstoßend, mit welch unerbittlichem moralischen Rigorismus und welcher Sensationsgier seitens der Medien versucht wurde, Menschen, die bereits mehr als 40 Jahre unter der Erde lagen, angeblicher Untaten anzuklagen. Heinrich Böll hatte Recht, als er im Juni 1985 in einer Nachbetrachtung zu Bitburg („Die Unkenntlichen") die bedenkenswerten Worte schrieb: „Was auf dem Grabstein steht, besagt nichts über Schuld oder Unschuld. Das Schweigen der Toten sollte den Überlebenden an Gräbern Schweigen gebieten."

IX. Die Stimmung verschlechtert sich

Durch die anhaltende Diffamierung der toten Angehörigen der Waffen-SS als „Mörder", ihrer Gräber als „Nazi-Gräber", des Friedhofes als „Nazi-Friedhof" und unserer Stadt als „Nazi-Nest" in der amerikanischen Presse und durch deutsche Antifa-Gruppen fühlte sich schließlich die ganze Stadt an den Pranger gestellt. Wütende und aggressive Schreiben mit Sätzen wie „Diese Nazi-Soldaten sind gemeine Verbrecher! Gräber von Verbrechern pflegt man nicht! Gräber von Verbrechern besucht man nicht! Gräber von Verbrechern macht man dem Erdboden gleich!" trugen ein übriges zur Verschlechterung der Stimmung bei.

Die Situation eskalierte beinahe, als bekannt wurde, dass US-Reporter – um „echte" Fotos für ihre Zeitungen und Zeitschriften zu bekommen – die Grabsteine von Gefallenen der Waffen-SS mit bundesdeutschen Fähnchen und Blumen schmückten. Von einer Stadträtin herbeigerufen, wurde ich eines Morgens Zeuge einer solch üblen Manipulation. Ein US-Reporter kniete bei der Grabplatte eines SS-Gefallenen und stellte bundesdeutsche Fähnchen auf, die er sich zuvor im Rathaus geliehen hatte. Auf meine Frage hin „Was machen Sie denn da?" hörte er auf, packte stumm seine Sachen ein und ging. In den Abendnachrichten des deutschen Fernsehens sah ich einige Tage später die Titelseite von „Newsweek" (ein auflagenstarkes, wöchentlich erscheinendes amerikanisches Nachrichtenmagazin) vom 29. April 1985. Und darauf war als Aufmacherfoto das – gestellte – Bild eines mit zwei bundesdeutschen Fähnchen geschmückten Grabsteins eines Gefallenen der Waffen-SS zu sehen, das perfiderweise auch noch mit „Nazi Graves in Bitburg Cemetery" untertitelt war. In derselben Ausgabe der „Newsweek" war schließlich noch fälschlicherweise die Rede von 47 (!) auf einem deutschen Militärfriedhof begrabenen SS-Offizieren. Bezeichnend ist, dass auf dem Foto in der europäischen Ausgabe der „Newsweek" (die es neben der gezeigten amerikanischen und einer pazifischen Ausgabe gibt) diese beiden Fähnchen fehlten.

Sofort danach hatte ich mir über die deutsche Botschaft in Washington die Anschrift des für das Titelbild zuständigen Redakteurs und die des Chefredakteurs von „Newsweek" besorgt. Ich wollte mich über Fernschreiben und via Fernsehen gegen diese üblen Manipulationen und Machenschaften seitens der Journalisten zur Wehr setzen. Dazu kam es jedoch nicht, weil mir einerseits die Zeit davonlief, und weil ich mir andererseits auch nichts davon versprach. In verschiedenen deutschen Zeitungen wurden die Manipulationen an den SS-Gräbern jedoch scharf verurteilt. So heißt es zum Beispiel am Schluss eines Berichtes über „Grab-Fälscher" in der

Die Titelseite der amerikanischen Ausgabe der „Newsweek" vom 29. April 1985. Das Foto eines mit zwei bundesdeutschen Fähnchen geschmückten Grabsteins eines Gefallenen der Waffen-SS war indes absichtlich vom Fotografen so hergerichtet worden.

„Stuttgarter Zeitung" vom 27. April 1985: „Wenn dadurch gezielt eine negative Tendenz erzeugt wird, wie jetzt durch die Manipulationen amerikanischer Journalisten an SS-Gräbern, dann schadet das nicht nur einem ganzen Berufsstand, der ja gerade auch Unkorrektheiten aufzudecken hat, sondern nicht minder der deutsch-amerikanischen Freundschaft." Die „Hannoversche Allgemeine Zeitung" titelte Ende April: „In Bitburg ist die Stimmung alles andere als versöhnlich." Um das Bild, das sich auf dem Friedhof bot, zu vervollständigen, muss noch hinzugefügt werden, dass andere US-Reporter ihre Kameras vor den Gräbern der fraglichen Gefallenen aufbauten und täglich live über das berichteten, was sich auf dem Friedhof abspielte.

Für viel Ärger sorgte auch das forsche bis grobschlächtige Auftreten amerikanischer Fernsehteams, die in den Häusern entlang der friedhofnahen Zufahrtsstraße, durch die der Präsidentenkonvoi zur Kolmeshöhe fahren sollte, nach Garagen und anderen Unterstellmöglichkeiten für ihre Kameras und Geräte Ausschau hielten. Die großzügig bemessenen Mietpreise, die die Amerikaner zahlten, entschädigten die Anwohner zwar für manche Beeinträchtigung und Belästigung, andererseits sorgten sie in der Nachbarschaft auch für Spekulationen und unerquicklichen Gesprächsstoff. Auch diese Begleiterscheinungen taten ihre Wirkung und trugen zur Verschlechterung der ohnehin gereizten Stimmung bei.

Was jedoch alle Gemüter erregte und ständiger Stein des Anstoßes war, war das, was täglich auf dem Friedhof geschah und jeglicher Menschenwürde und Pietät Hohn sprach. Seine Empörung darüber brachte ein Anwohner in einem an mich gerichteten Brief vom 27. April mit diesen Worten zum Ausdruck: „Wenn man als naher Anwohner des Friedhofes täglich mit ansehen muß, wie die Würde des Friedhofes durch in- und ausländische Berichterstatter und vor allem von neugierigen Besuchern sprichwörtlich mit den Füßen getreten und verletzt wird, kann man nur zu dem Schluß kommen, daß es besser wäre, wenn der Präsident der USA auf den Besuch des Soldatenfriedhofes verzichten würde. Uns als Bürger dieser Stadt sind die Toten auf dem Friedhof Kolmeshöhe in Obhut gegeben worden. Als Teilnehmer des Krieges und als Bürger der Stadt Bitburg sehe ich in all diesen unwürdigen Geschehnissen der letzten Tage eine Verletzung dieser Obhutsverpflichtung."

Das Entsetzen in der Bevölkerung war groß und die Stimmung auf dem Nullpunkt angekommen. Nicht nur vereinzelt waren nun Stimmen zu hören, die sagten: „Wir sind das ganze Theater leid." Großer Unmut herrschte auch bei den Mitgliedern des Stadtrates, die auf eine baldige Sitzung drängten. Der 1. Beigeordnete kündigte eine Anfrage zum Thema „Diffamierung der Kriegstoten auf dem Ehrenfriedhof Kolmeshöhe" an. Um die äußerst gereizte Stimmung im Stadtrat und die Anfrage besser zu verstehen, ist es wichtig zu wissen, dass acht der 28 Mitglieder des Stadtrates, mich eingeschlossen, selbst Kriegsteilnehmer waren.

Seit meinem „Hilferuf", d.h. der Bitte um Unterstützung bei der Presse- und Öffentlichkeitsarbeit, stand ich mit dem Bundeskanzler sowohl in Bonn als auch in Oggersheim in telefonischem Kontakt. Ich hielt Helmut Kohl über die Entwicklungen in Bitburg auf dem Laufenden und informierte ihn über besondere Vorkommnisse. Es waren zumeist kurze Gespräche, die sich auf das Notwendige beschränkten. Einmal benötigte Kohl für eine wichtige Rede im Bundestag in der letzten Aprilwoche, in der er auch zu den auf dem Bitburger Soldatenfriedhof begrabenen Angehörigen der Waffen-SS und zu den Kollektivbeschuldigungen Stellung nehmen wollte, noch einige Angaben und Auskünfte. Bei einem unserer Gespräche setzte ich den Bundeskanzler auch davon in Kenntnis, dass ich in der nächsten Stadtratssitzung wegen einer vorliegenden Anfrage und aufgrund der ihm bekannten hässlichen Kampagne einiger US-Medien eine Erklärung abgeben würde und dass ich in der gleichen Angelegenheit bereits den US-Botschafter in Bonn, Arthur F. Burns, angeschrieben hätte. Auch könnte ich in Anbetracht der aufgeheizten Stimmung eine Sondersitzung des Stadtrates nicht mehr ausschließen.

Dem amerikanischen Botschafter Burns legte ich innerhalb einer Woche in zwei längeren Schreiben ausführlich dar, dass der Unmut in unserer Bevölkerung von Tag zu Tag wachse und dass sie über die Diffamierung unserer auf dem Friedhof ruhenden Kriegstoten empört und entsetzt sei. Abschließend bat ich den Botschafter darum, das von mir vermittelte Stimmungsbild an die maßgeblichen Stellen in Washington weiterzuleiten. Burns, dem das über Jahrzehnte gute Verhältnis zwischen Deutschen und Amerikanern bestens bekannt und dem viel an einer Entspannung der Situation gelegen war, antwortete umgehend und schrieb: „Der Ausdruck von Besorgnis eines geschätzten und langjährigen Freundes der Vereinigten Staaten muss mit größtem Ernst genommen werden. Ich habe mir die Freiheit erlaubt, Ihre Briefe nach Washington weiterzuleiten, wo sie eine angemessene Berücksichtigung bei denjenigen finden werden, die den Besuch des Präsidenten zusammenstellen." Mir – und sicher auch dem Botschafter – war indes klar, dass unsere Bemühungen keinen Erfolg haben und nichts an der misslichen Situation in Bitburg ändern würden. Denn diejenigen, auf die es ankam (die um skandalträchtige Schlagzeilen und Fotos bemühten amerikanischen Medien), hatten andere Interessen und würden sich von unseren Aktivitäten nicht beeindrucken lassen.

Aber gänzlich vergeblich waren meine Bemühungen nicht: Denn schon am darauffolgenden Tag erfuhr die Öffentlichkeit und unsere Bevölkerung über die Presse von den Bemühungen der Verantwortlichen und empfing dadurch die wichtige Botschaft: Sie tun, was sie können und was möglich ist. Im Mittelpunkt der Stadtratssitzung vom 25. April stand die von allen Fraktionen getragene Anfrage des 1. Beigeordneten über die Diffamierung der Kriegstoten auf dem Soldatenfriedhof Kolmeshöhe. In dieser Anfrage wurde in bewegender Weise Klage darüber geführt, dass die dort ruhenden Soldaten des Zweiten Weltkrieges sowohl von deutscher als auch von ausländischer Seite beleidigt, entehrt und ihr Andenken mit Schmutz beworfen würden. Die Eingabe schloss mit der Frage, ob es vor diesem Hintergrund nicht besser sei, wenn die Bürger unserer Stadt auf den Besuch des US-Präsidenten verzichteten. „Wären wir das nicht unseren gefallenen Soldaten schuldig?" Nach Verlesung dieser Anfrage, die vom gesamten Stadtrat sehr beifällig aufgenommen wurde, gab ich folgende Erklärung ab: „Sollten die Verunglimpfungen und Beschimpfungen der auf dem Soldatenfriedhof Bitburg ruhenden 49 Soldaten der Waffen-SS weiter anhalten und die Ehre der Bürger unserer Stadt durch die Kampagne in den USA weiterhin aufs schwerste verletzt werden und die verschiedenen Aktionen gegen den Besuch des Präsidenten Reagan und des deutschen Bundeskanzlers auf dem Soldatenfriedhof Kolmeshöhe eskalieren, so sehe ich mich aus Gründen der Selbstachtung der Bevölkerung und des Stadtrates der Stadt Bitburg gezwungen, kurzfristig eine Sondersitzung des Stadtrates einzuberufen." Abschließend erklärte ich nochmals ausdrücklich, „... daß ich nicht zulassen werde und nicht bereit bin, mich an Selektionen, Nachforschungen und Durchleuchtungen von Soldaten zu beteiligen, die bereits seit 40 Jahren tot sind. Zudem verstehe ich mich als Anwalt aller Angehörigen, die nicht die Möglichkeit haben oder nicht in der Lage sind, für die hier ruhenden Soldaten sprechen zu können."

Meine Erklärung wurde von allen Fraktionen beifällig begrüßt. Danach teilte ich dem Stadtrat mit, dass ich wegen deren weit reichender Bedeutung sowohl die Anfrage des 1. Beigeordneten als auch die von mir abgegebene Erklärung dem Bundeskanzler zuleiten würde. Wegen der sehr sensiblen Problematik dieses Tagesordnungspunktes bat ich den Stadtrat jedoch, ausnahmsweise von einer Aussprache Abstand zu nehmen, denn ich wollte unter allen Umständen eventuell missver-

> Mannheimer MORGEN vom 29. April 1985
>
> ## Die zornigen Bürger von Bitburg
> Einwohner der Eifelstadt fühlen sich brüskiert und geschmäht
>
> SONNTAG, 28. APRIL 1985   DER TAGESSPIEGEL
>
> ## Bitburgs Kommunalpolitiker sind über die Entwicklung empört
> Vorwürfe gegen US-Journalisten — „Laßt die Toten ruhen"
>
> Badische Zeitung vom 27. April 1985
>
> Bitburg und der Streit um Reagans Friedhofsbesuch
> ## Eine Stadt am Rande der Geduld
> Bürgermeister Hallet wirft US-Journalisten „bewußte Fälschung" vor
>
> Badische Zeitung vom 4./5. Mai 1985
>
> ## Ein Ort kämpft um seinen Ruf
>
> Hannoversche Allgemeine Zeitung vom 24. April 1985
>
> ## In Bitburg ist die Stimmung alles andere als versöhnlich

Ausgewählte Schlagzeilen illustrieren, wie sehr die Vorwürfe und Manipulationen vor allem einiger US-Medien die Gemüter der Bitburger bewegten. Die Stadt fühlte sich in der Zeit vor dem Präsidentenbesuch geradezu „an den Pranger" gestellt.

ständliche Töne vermeiden. Im Begleitschreiben zu den beiden Dokumenten wies ich Helmut Kohl darauf hin, dass sowohl der Inhalt der Anfrage als auch der Inhalt der von mir abgegebenen Erklärung voll und ganz der augenblicklichen Stimmung der Bitburger Bevölkerung entsprächen.

Wie zu erwarten, wurde ich nach dieser Stadtratssitzung von mehreren in- und ausländischen Journalisten gefragt, was ich mit einer Sondersitzung noch kurz vor dem Besuch des Präsidenten und des Kanzlers bewirken oder erreichen wolle. Darauf gab ich die etwas verlegene, sibyllinische Antwort: „Da habe ich bestimmte

Vorstellungen." In Wirklichkeit war der Wink mit der Sondersitzung nur eine Drohgebärde, die vielleicht hier oder da ein wenig Eindruck gemacht hat – mehr nicht. Irgendetwas Spektakuläres tun, nur um aller Welt die Verärgerung, den Unmut und die augenblickliche Stimmung in Bitburg kundzutun, wäre töricht gewesen. Wir hätten uns mit demonstrativer „Kraftmeierei" zwar in die Schlagzeilen gebracht, uns durch die Überschätzung unserer Einflussmöglichkeiten aber mit Sicherheit auch lächerlich und provinzieller Wichtigtuerei verdächtig gemacht. Das über Jahrzehnte gut funktionierende Zusammenleben von Deutschen und Amerikanern in Bitburg hätte schweren Schaden genommen, wenn wir den Präsidenten der USA brüskiert hätten. Möglicherweise hätte die „tapfere" Kleinstadt in der Eifel zwar viel Beifall bekommen – allerdings wohl eher von der falschen Seite. Das alles vor Augen, wollte ich eine weitere Eskalation unbedingt verhindern.

Es war jedoch vorauszusehen, dass es aufgrund der Verlautbarungen in der Stadtratssitzung vom 25. April im In- und Ausland sowohl zu zustimmenden als auch empörten und scharfen Reaktionen – besonders in den USA – kommen würde. So forderte beispielsweise der New Yorker Bürgermeister Edward „Ed" Koch in einem Interview mit der „New York Post" vom 27. April „… eine Untersuchung der Vergangenheit des umstrittenen Bitburger Bürgermeisters". Das Gespräch trug die balkendicke und reißerische Überschrift „Koch: Probe Bitburg's mayor for Nazi link" („Überprüft den Bitburger Bürgermeister auf Nazi-Verbindungen"). Nach seiner Reaktion auf meine Äußerungen hin befragt, sagte Koch: „Ich kenne seine Vergangenheit nicht. Ich würde darauf drängen, dass sie untersucht wird, und wir werden wahrscheinlich wieder einen Nazi finden. Weil es so viele gab, kann man nicht sagen, wer in die KZ-Morde oder andere Verletzungen der Menschenrechte verwickelt war." Koch erklärte darüber hinaus, wenn der Präsident den Besuch tatsächlich durchführe, „… sollte man einen Pfahl in das Herz eines jeden dort begrabenen Nazis stoßen. […] Ich sage das in einer Art makabrem Humor. […] Das ist eine der Phantasien, die man hat, wenn es um schreckliche Dinge geht." In den spannungsreichen Wochen hatte ich viele sehr kritische und mehr oder weniger empörte Teilnehmerinnen und Teilnehmer jüdischer Delegationen aus den USA und Europa kennen gelernt, die alle fairer waren als der New Yorker Bürgermeister. Bis heute habe ich übrigens nichts von einem Ergebnis der von ihm geforderten Untersuchung meiner Vergangenheit gehört.

In der „FAZ" vom 3. Mai 1985 war in einem Kommentar zu französischen Pressestimmen unter der Überschrift „Besonnenheit" unter anderem Folgendes zu lesen: „Im Vergleich zu diesen besonnenen französischen Meinungen nimmt sich, was jetzt im Falle Bitburg zu beklagen war, enttäuschend aus: Im deutsch-amerikanischen Verhältnis kam es beim ersten schlechten Anlass zu unbesonnenen Reaktionen. Den Amerikanern wird, wegen der Entfernung von uns, das nötige Gefühl des Aufeinanderangewiesenseins noch lange unbekannt bleiben, und damit auch der heilsame Zwang zur Besonnenheit."

X. Die Bitburger Amerikaner

Zur Zeit des Staatsbesuches war auf dem Flugplatz Bitburg das 36. Taktische Jagdgeschwader der US-Air Force stationiert. Im Eingangsbereich des Flugplatzes hatten die Amerikaner ein Schild angebracht, auf dem als Willkommen die Grußworte standen: „We love the city of Bitburg, our home in the Eifel". Dies illustriert sehr schön, wie die Amerikaner zu unserer Stadt – die während der Dienstzeit auch die ihre war – standen.

In der Hierarchie des Flugplatzes stand der Wing Commander (Geschwaderkommodore) an erster Stelle, gefolgt vom Vice Commander und – an dritter Stelle – dem Base Commander (Flugplatzkommandant). Er war der Verwaltungschef (und damit sozusagen der Bürgermeister) der großen Flugplatzgemeinde. Der Wing Commander war jedoch nicht nur Chef des fliegenden Personals, sondern aller auf dem Flugplatz stationierten amerikanischen Streitkräfte, aller hier Beschäftigten (einschließlich der damals 850 deutschen Zivilbeschäftigten) und sämtlicher zum Flugplatz gehörender Einrichtungen wie Schulen, Krankenhaus und Housing. Dies muss man wissen, um zu verstehen, wie stark der Einfluss der Spitze des Flugplatzes auf die fast 12.000 Bitburger Amerikaner in den auch für sie schwierigen Wochen vor dem Staatsbesuch war.

Die meisten amerikanischen Familien wohnten damals in der Housing – einer zwischen Flugplatz und Stadtgebiet gelegenen Wohnsiedlung mit Schulen, Krankenhaus, Kirche, Clubräumen, Sportstätten und Einkaufszentrum. Sie führten sozusagen ein Eigenleben und hatten kaum Kontakte zu deutschen Familien in Bitburg. Dies ist jedoch nicht so zu verstehen, als ob die Amerikaner aus der Housing – die in ruhigen Zeiten ein offener und später (nach Anschlägen auf amerikanische Einrichtungen) ein nur noch über Kontrollen zugänglicher Wohnbereich war – Bitburg gemieden und sich nicht im Stadtbild und im Straßenverkehr bemerkbar gemacht hätten. So war es zum Beispiel eine alte Tradition, dass die Amerikaner vom Flugplatz bei den großen Bitburger Volksfesten mit Teams, Jugendgruppen und Schulklassen stets stark vertreten waren. Zu einem engen, geselligen Miteinander mit den Einheimischen kam es durch die Sprachbarriere jedoch zumeist nicht. Es war eher ein wohlwollendes, nachbarliches Nebeneinander.

Anders verhielt es sich mit den vielen Amerikanern und Familien – darunter auch viele Jet-Piloten und höhere Offiziere –, die nicht in der Housing, sondern bei deutschen Vermietern in der Stadt und im Umland von Bitburg wohnten. Zur Zeit des Staatsbesuches wurden insgesamt 1.645 Familien und 765 Alleinstehende

Ein Beweis für die freundschaftlichen Beziehungen zu den in Bitburg lebenden Amerikanern: Weiberfastnacht mit Neuankömmlingen und Bürgermeister Theo Hallet (Dritter von rechts) im Rathaus.

gezählt, die bei Bitburger Vermietern wohnten. Zu deren Alltag gehörte zwangsläufig der unbefangene Umgang mit den deutschen Nachbarn oder Mitbewohnern im Mehrfamilienhaus. Dadurch rückten Deutsche und Amerikaner näher zusammen. Die Air Base Bitburg – ein Vorzeigestützpunkt der US-Luftwaffe in Europa – und die 12.000 Bitburger Amerikaner waren zudem ein bedeutender Wirtschaftsfaktor für das Geschäftsleben und besonders auch für die Bauunternehmen in unserer Stadt und unserer Region. So wurden zum Beispiel im Frühjahr 1985 vom Flugplatz Bitburg Aufträge für 83 Bauprojekte vergeben, wovon allein 55 Aufträge an Firmen aus Bitburg und nächster Umgebung gingen.

Von besonderer Bedeutung für das gut funktionierende deutsch-amerikanische Zusammenleben in Bitburg war eine Luxemburgerin: die auf dem Flugplatz tätige Referentin für Öffentlichkeitsarbeit und Dolmetscherin Lydie Hengen. Eine Frau, die diplomatisches Geschick mit viel Sensibilität zu verbinden verstand und Verständnis hatte für das, was sowohl „ihre" Amerikaner als auch uns, die deutsche Seite, bewegte. In den auch für die Bitburger Amerikaner strapaziösen Wochen vor dem Präsidentenbesuch spielte Lydie Hengen eine wichtige, nicht zu unterschätzende Rolle. Seit Bestehen des Flugplatzes war sie äußerst erfolgreich im Zusammenführen von Deutschen und Amerikanern in verschiedenen deutsch-amerikanischen Clubs und Gremien. Der deutsch-amerikanische Alltag funktionierte natürlich nicht immer gänzlich reibungslos. Immer wieder tauchten im Beschwerdekatalog der deutschen Seite der enervierende Fluglärm der Tiefflieger und die dröhnenden Nachbrenner der Jets auf, die den Anliegern des Flugplatzes den Schlaf raubten.

Als die Bars und Diskotheken in Bitburg florierten, wurden dort hin und wieder Afroamerikaner abgewiesen, deren Diskriminierung die Amerikaner zu Recht nicht hinnahmen. Zuweilen gab es auch Ärger in den Bars; aber das war fast immer eine „inneramerikanische" Angelegenheit, da die meisten Bars nur von Amerikanern besucht wurden. Die deutsche Polizei und die amerikanische Militärpolizei waren jedoch dafür bekannt, dass sie mit denen, die sich bei Streitereien in den Haaren lagen, sehr schnell fertig wurden.

Über diese Alltagsgeschichten hinaus kam es im Sommer 1984 zu einem kurzen, aber heftigen Schlagabtausch zwischen der deutschen Seite und den Bitburger Amerikanern. Nachdem ich erfahren hatte, dass Ende Juli wieder eine sowohl bei den Amerikanern als auch bei der deutschen Bevölkerung überaus beliebte Flugschau mit Flugvorführungen auf dem US-Flugplatz stattfinden sollte, schrieb ich in Abstimmung mit dem Landrat unseres Kreises Anfang Juni den damaligen Geschwaderkommodore Oberst Larry R. Keith an. Ich bat ihn, von nun an auf die Flugschau, bei der die Jet-Piloten ihre faszinierenden Flugkünste den Zuschauermassen vorführten, zu verzichten. Ich hatte stets ein ungutes Gefühl, wenn sie im Formationsflug über die Köpfe der Zuschauer hinwegrasten oder aus großer Höhe fast senkrecht hinunterstürzten. Dieses Schreiben an den Kommandeur wurde zeitgleich in der Presse veröffentlicht. Der Satz, auf den es mir dabei ankam, lautete: „Um keine Menschenleben aufs Spiel zu setzen, bitte ich Sie deshalb dringend, den vorgesehenen ‚Tag der offenen Tür' nicht mit einem Flugtag und mit Flugvorführungen zu verbinden, abgesehen davon, daß unsere Bevölkerung dadurch mit zusätzlichem Lärm belastet wird."

Der verärgerte Oberst Keith ließ verlauten, dass für ihn der Verzicht auf den Flugtag, an dem die Leistungsfähigkeit der US-Air Force und ihrer Piloten demonstriert werden sollte, nicht in Frage käme. Nach einigen Gesprächen einigte man sich jedoch darauf, dass die Jets bei der nächsten Flugschau in Bitburg zur Besichtigung am Boden bleiben sollten. Anstelle der Flugvorführungen fand dann ein weniger gefährliches Spektakel statt: ein Rodeo, wie es in den USA vielerorts üblich ist. Allerdings zogen die Rodeos längst nicht so viele Zuschauer an wie die weitaus attraktiveren Flugschauen. Meine damals geäußerte Sorge um die Sicherheit der Zuschauer war jedoch nicht grundlos, wie sich nur vier Jahre später herausstellen sollte: Am 28. August 1988 kam es bei einem Flugtag auf dem amerikanischen Luftwaffenstützpunkt Ramstein in Rheinland-Pfalz zu einem Flugzeugabsturz mit 70 Toten und hunderten von schwer Verletzten.

Seit meinem Dienstantritt im März 1978 gehörte es zu meinen Gepflogenheiten, jeden Donnerstagmorgen im Sitzungssaal des Rathauses die amerikanischen Soldaten sowie deren Familienangehörige zu begrüßen, die neu auf dem Flugplatz eingetroffen waren. Bei diesen meist 20 bis 25 Personen starken Gruppen waren alle Dienstgrade vertreten. Mit dabei war jedes Mal die bereits erwähnte Dolmetscherin Lydie Hengen. Über das „Welcome to Bitburg" hinaus war es mein Bestreben, alles zu tun, damit sich die „neuen" Amerikaner in unserer Stadt und unserer Region

DER BÜRGERMEISTER

Herrn Colonel
Larry R. Keith
Geschwaderkommodore
Flugplatz Bitburg

5520 Bitburg

5520 Bitburg, 4. Juni 1984

Sehr geehrter Herr Oberst,

wie ich von Ihnen erfahren habe, soll Ende Juli ds. Jrs. auf dem US-Flugplatz in Bitburg ein " Tag der offenen Tür " mit Flugschau und Flugvorführungen stattfinden.
Ich fühle mich verpflichtet, Ihnen als Bürgermeister der Stadt Bitburg hierzu meine Auffassung darzulegen:
Grundsätzlich halten wir einen " Tag der offenen Tür " für eine Veranstaltung, die wegen der damit verbundenen Begegnung von Deutschen und Amerikanern von grosser Bedeutung für die deutsch-amerikanische Freundschaft ist.
Flugtage jedoch, die aus Anlass solcher Veranstaltungen stattfinden, gefährden -wie Beispiele aus der letzten Zeit zeigen - über die Sicherheit der Piloten hinaus auch die Sicherheit der Zuschauer und der Bevölkerung.
Um keine Menschenleben aufs Spiel zu setzen, bitte ich Sie deshalb dringend, den vorgesehenen " Tag der offenen Tür " in Bitburg nicht mit einem Flugtag und mit Flugvorführungen zu verbinden, abgesehen davon, dass unsere Bevölkerung dadurch mit zusätzlichem Lärm belastet wird.

Ich bin der festen Überzeugung, dass unsere Bevölkerung Verständnis dafür aufbringt und es begrüssen würde, wenn aus den von mir dargelegten Gründen kein Flugtag stattfindet, und dass ein " Tag der offenen Tür " ohne Flugvorführungen der deutsch-amerikanischen Freundschaft nicht nur keinen Abbruch tut, sondern sie eher noch fördern würde.

Mit bestem Dank für Ihre Bemühungen und
freundlichen Grüßen

Hallet

Im Sommer 1984 bat ich den Geschwaderkommodore Oberst Larry R. Keith in einem offenen Brief, auf die bislang übliche Flugschau – bei der die Jet-Piloten der US-Air Force den Zuschauermassen ihre faszinierenden Flugkünste vorführten – aus Sicherheitsgründen zu verzichten. Nach einigen Gesprächen einigten wir uns darauf, dass die Jets bei der nächsten Flugschau in Bitburg zur Besichtigung am Boden bleiben sollten.

wohlfühlten und zufrieden waren. In meiner Begrüßung gab ich ihnen auch einige interessante Informationen, die zumeist völlig neu für sie waren. Ich erzählte ihnen nicht nur etwas von den Ursprüngen Bitburgs als römischer Garnison, sondern auch etwas von der Geschichte der Amerikaner in unserer Stadt. Zum Beispiel, dass seit Bestehen des Flugplatzes schon mehrere tausend Ehen zwischen Deutschen und Amerikanern in Bitburg geschlossen und bis 1985 mehr amerikanische Kinder in Bitburg geboren wurden, als die Stadt Einwohner zählt. Großes Erstaunen gab es regelmäßig, wenn die Neuankömmlinge erfuhren, dass der Astronaut Edwin E. Aldrin jr., der am 20. Juli 1969 als zweiter Mensch nach Commander Neil A. Armstrong den Mond betrat, in den Jahren 1957 und 1958 in Bitburg stationiert war. Eines Tages teilte man mir vom Flugplatz mit, dass sich bei der Gruppe der Neuen, die zur Begrüßung ins Rathaus kämen, auch ein junger Soldat befinden würde, der in Bitburg geboren wurde. Unter großem Beifall seiner Kameraden wurde diesem zurückgekehrten „Bitburger Jungen" von uns eine vergrößerte und gerahmte Kopie seiner Geburtsurkunde überreicht. Eine Story so ganz nach dem Geschmack der Amerikaner!

In den letzten Wochen vor dem 5. Mai standen verständlicherweise die aktuellen Ereignisse im Mittelpunkt meiner Begrüßung der neu eingetroffenen Amerikaner. Die meisten wirkten indes etwas ratlos und manche auch bedrückt ob der Kontroversen rund um den Staatsbesuch. Im persönlichen Gespräch ließen jedoch viele die Vorfreude über den bevorstehenden Besuch ihres Präsidenten durchblicken. In dieser Zeit war trotz der seit Wochen laufenden Diskussionen, die sich auf anderer Ebene abspielten, nichts von einer Missstimmung zwischen Deutschen und Bit-

Lydie Hengen (links), die Referentin für Öffentlichkeitsarbeit und Dolmetscherin des amerikanischen Flugplatzes, und Bürgermeister Theo Hallet bei der Begrüßung neu eingetroffener Soldaten und ihrer Familien im Bitburger Rathaus.

burger Amerikanern zu bemerken. Das ausgezeichnete Verhältnis war nach wie vor ungetrübt. Fair und sachlich blieb auch der Verhandlungsstil und der Umgangston zwischen der deutschen Seite und dem Vorausteam des Weißen Hauses: keine Spur von gereizter Stimmung oder gar von bösem Blut. Um die Verbundenheit mit den Bitburger Amerikanern zu bekunden, hatte der 2. Beigeordnete Werner Pies eine „Bürgerinitiative deutsch-amerikanische Freundschaft" ins Leben gerufen. Sie verteilte Flugblätter und Aufkleber mit dem Motto: „A heart for America" und warb in der Presse und in der Öffentlichkeit für das Zusammenstehen von Einheimischen und Bitburger Amerikanern. Commander Robinson vom Flugplatz bemerkte dazu anerkennend: „Diese Aktionen machten bei uns Amerikanern großen Eindruck; sie stärkten das Zusammengehörigkeitsgefühl zwischen Stadt, Kreis und Flugplatz sehr." Die „Aachener Volkszeitung" unterstellte dieser Bürgerinitiative hingegen, dass die darin engagierten Geschäftsleute sicher auch an ihren eigenen Umsatz gedacht hätten.

Der damalige Geschwaderkommodore und heutige General Robinson schreibt in seinen „Erinnerungen an den Flugplatz Bitburg" über den Staatsbesuch unter anderem: „Wir bestanden darauf, die Interessen der Amerikaner und der Deutschen bei den Vorbereitungen zu berücksichtigen. Der Druck war für unsere ausgezeichneten Beziehungen sehr belastend. Einige Tage vor dem 5. Mai wurde auf dem Bitburger Ehrenfriedhof eine Kreuzwegandacht abgehalten, um für das gute Gelingen des Besuches zu beten. Frau Hengen fragte nach, ob Personal von der Air Base teilnehmen könne. Aufgrund der strikten Trennung von Staat und Kirche in den USA war dieses Thema für die amerikanischen Militärs ziemlich heikel. Ein weiterer sensibler Punkt dabei war die Anwesenheit der Medien. Ich entschied mich dafür, soviel Personal wie möglich – allerdings in Zivil und nicht in Uniform – teilnehmen zu lassen. Meine Frau Pat und ich gingen ebenfalls zu der Andacht." An dieser Kreuzwegandacht auf dem Höhepunkt der Krise nahmen auch Bitburger Bürger teil. An der Spitze der deutsch-amerikanischen Gruppe, die sich zum gemeinsamen Gebet am Kreuzweg auf dem Friedhof zusammengefunden hatte, ging der (inzwischen verstorbene) Förderer der deutsch-amerikanischen Freundschaft, Monsignore Dr. Alfons Weyand aus Trier. Es war eine eindrucksvolle Begebenheit, von der ich im Vorhinein nichts wusste und die ich nur durch Zufall und auch nur ganz kurz aus einiger Entfernung sah. Eine Momentaufnahme, die ich nicht so schnell vergessen werde.

Wie bereits beschrieben, riefen die gnadenlosen und hasserfüllten Attacken auf den „Nazifriedhof" Bitburg Verbitterung und Entsetzen bei der Bitburger Bevölkerung hervor. Die Bereitschaft, für die Menschenwürde aller auf dem Friedhof Kolmeshöhe ruhenden Soldaten und Kriegstoten einzutreten, fand ihren Ausdruck darin, dass sich sowohl deutsche als auch amerikanische Frauen aus Bitburg und einigen Orten der Umgebung kurz vor dem Friedhofsbesuch durch Kohl und Reagan spontan zusammentaten und ausnahmslos alle Gräber schmückten. Für das Schmücken der Gräber erreichten uns Spenden aus allen Teilen der Welt.

Willkommen

Der 5. Mai 1985 wird als ein Ereignis von historischer Bedeutung in die Geschichte der Stadt Bitburg eingehen, denn an diesem Tag werden der Präsident der Vereinigten Staaten von Amerika, Ronald W. Reagan, und der Bundeskanzler der Bundesrepublik Deutschland, Dr. Helmut Kohl, nach Bitburg kommen, um hier unseren amerikanischen Freunden auf dem NATO-Flugplatz Bitburg einen Besuch abzustatten und um sich von dort aus zu einer Gedenkfeier zum Ehrenfriedhof Kolmeshöhe zu begeben, auf dem fast 2.000 gefallene deutsche Soldaten des Zweiten Weltkrieges ihre letzte Ruhestätte gefunden haben.

Es ist für mich eine Ehre, den Präsidenten des amerikanischen Volkes und den deutschen Bundeskanzler im Namen der Bevölkerung und des Stadtrates in Bitburg, dem römischen Beda, auf das herzlichste zu begrüßen und willkommen zu heißen. Seit dem Bestehen des Flugplatzes im Jahre 1952 sind mehr als 16 000 amerikanische Kinder hier in Bitburg geboren und mehrere Tausend Ehen zwischen Deutschen und Amerikanern geschlossen worden. Damit will ich sagen: Für viele Amerikaner ist Bitburg zu einer wichtigen Station in ihrem Leben geworden. Seit mehr als drei Jahrzehnten bereits leben wir hier mit unseren amerikanischen Freunden zusammen, mit denen wir uns früher wie heute gut nachbarlich und freundschaftlich verbunden fühlen.

Die Bitburger Bevölkerung, die Krieg, Zerstörung, Not und Unfreiheit erlitten und schwere Zeiten erlebt hat, weiß, was es heißt, in Frieden und Freiheit leben zu können. Dafür hat sie seit Jahrzehnten erhebliche Opfer gebracht und große Belastungen auf sich genommen. Und ebenfalls seit Jahrzehnten tun hier in Bitburg unsere amerikanischen Freunde weit von der Heimat entfernt ihren Dienst, um den Frieden und die Freiheit, die uns so viel bedeuten, sichern zu helfen. Unvergessen ist, was Präsident John F. Kennedy einst hierzu sagte: „Amerikaner werden jeden Preis bezahlen, jede Last tragen, jede Unbill auf sich nehmen, jeden Freund unterstützen, jedem Feind Paroli bieten, um das Überleben und den Triumph der Freiheit sicherzustellen."

Möge von Bitburg am 5. Mai 1985 eine Botschaft des Friedens und der Versöhnung ausgehen! Möge diese Botschaft allen Menschen Hoffnung schenken, die sich danach sehnen, frei, menschenwürdig und in Frieden leben zu können!

Ich rufe die Bitburger Bevölkerung dazu auf, den Präsidenten der Vereinigten Staaten von Amerika und den Bundeskanzler der Bundesrepublik Deutschland herzlich zu empfangen und mit ihnen der Toten des Krieges und der Opfer der Gewaltherrschaft zu gedenken.

Theo Hallet
Bürgermeister der Stadt Bitburg

Zwei Tage vor dem Besuch erschien in der Tageszeitung „Trierischer Volksfreund" am 3. Mai 1985 dieser Text, in dem ich Präsident Reagan und Bundeskanzler Kohl im Namen der Bitburger Bevölkerung willkommen hieß.

Ich hatte das Bedürfnis, mich im Namen unserer Bevölkerung und des Stadtrates an unsere amerikanischen Mitbürger zu wenden und ihnen ein herzliches Dankeschön dafür zu sagen. In meinem Brief heißt es unter anderem: „Ich danke Ihnen für alle aufmunternden Telefonanrufe, alle freundlichen Worte und Gesten, für die lieben Blumengrüße. Es hat mich sehr bewegt, dass so viele amerikanische Bürger an der Kreuzwegandacht auf dem Ehrenfriedhof Kolmeshöhe teilgenommen und beim Schmücken der Gräber geholfen haben." Und zum Schluss; „Ich freue mich, dass die ‚Brücke der Freundschaft', an der wir, die amerikanischen und deutschen Bürger der Stadt und der umliegenden Ortschaften, seit mehr als 30 Jahren bauen, sich in einer schweren Zeit als solide und tragfest erwiesen hat. Herzlichst, Ihr Theo Hallet." Im Gegenzug wurde an einem der letzten Apriltage im Rathaus von den auf dem Flugplatz lebenden Amerikanern ein Blumengesteck abgegeben. Mit Unterschriften und besten Wünschen sowie der aufmunternden, freundschaftlichen Bitte: „Halten Sie die Ohren steif, lieber Bürgermeister!"

Fest steht, dass die deutsch-amerikanische Freundschaft trotz der schweren Belastungen, denen sie im Frühjahr 1985 hier in Bitburg ausgesetzt war, keinen Schaden nahm. Im Gegenteil: Die von außen hereingetragenen Komplikationen hatten die deutsch-amerikanischen Beziehungen noch verbessert. Ohne Zutun von deutscher Seite wurde kurze Zeit nach dem Besuch Reagans und Kohls vor dem Hauptquartier des US-Flugplatzes in einer kurzen militärischen Zeremonie neben dem amerikanischen Sternenbanner für dauernd auch die deutsche Nationalflagge aufgezogen. Der „Trierische Volksfreund" fragte hierzu: „Ein äußeres Zeichen dafür, dass Deutsche und Amerikaner nach dem Wirbel um den Reagan-Besuch in Bitburg noch enger zusammenrücken wollen?" Für mich war dies indes keine Frage, sondern nach all den positiven und ermutigenden Erlebnissen mit unseren amerikanischen Mitbürgern in dieser kritischen Zeit eher eine Bestätigung des Erfolgs unserer Bemühungen.

XI. Das Goldene Buch

Die verbleibende Zeit bis zum Besuch von Präsident Reagan und Bundeskanzler wurde immer kürzer, und wegen des gekürzten Besuchprogramms musste geklärt werden, wann und wo sich Präsident Reagan und Bundeskanzler Kohl in das Goldene Buch unserer Stadt eintragen würden. Die von einem Bitburger Künstler in lateinischer Schrift gestalteten Texte – einer in Englisch für Präsident Reagan, einer in Deutsch für Bundeskanzler Kohl – hatten folgenden Wortlaut:

„Mr. President. We welcome you to Bitburg, the county seat of the county of Bitburg-Prüm where your countrymen are living together with us as good neighbors, as they have been since 1952, and where they now, just as before, feel friendly ties with each other. Bitburg, May 5, 1985." „Willkommen Herr Bundeskanzler in Bitburg, der Kreisstadt des Kreises Bitburg Prüm, wo unsere deutschen Landsleute mit unseren amerikanischen Freunden seit 1952 in guter Nachbarschaft zusammenleben und sich früher wie heute freundschaftlich miteinander verbunden fühlen. Bitburg, am 5. Mai 1985."

Da der Programmpunkt „Mittagessen mit amerikanischen und deutschen Soldaten und deren Familienangehörigen" (vorgesehen waren 45 Minuten) inzwischen gestrichen worden war, würden sich Kohl und Reagan während der ganzen Zeit ihres Besuches in Bitburg nur im Freien aufhalten. Das erklärt vielleicht den Vorschlag von David Harris, dem bereits erwähnten Chef des Vorausteams des Weißen Hauses, dass die Eintragung ins Goldene Buch doch an Bord der Präsidentenmaschine stattfinden solle. Aus diesem Grunde müsse ich mich mit dem Goldenen Buch nach deren Ankunft an Bord der „Air Force One" begeben. Mit diesem ungewöhnlichen Vorschlag konnte ich mich indes nicht anfreunden. Ich erklärte also meinen amerikanischen Gesprächspartnern, dass die Eintragung in das Goldene Buch einer Stadt in Deutschland immer und überall im Beisein der Öffentlichkeit stattfände und dass die Eintragung an Bord der Präsidentenmaschine in der Allgemeinheit mit Sicherheit auf völliges Unverständnis stieße. Ich kann mich auch nicht entsinnen, dass dieser für uns inakzeptable Vorschlag mit Sicherheitsmaßnahmen begründet wurde.

Da wir zunächst zu keiner Einigung kamen, verständigten wir uns auf einen neuen Besprechungstermin. In der nächsten Unterredung, die ebenfalls im Rathaus stattfand, zeigte sich, dass beide Seiten zu einem Kompromiss kommen wollten. Nicht mehr zur Debatte stand „an Bord zu gehen"; und auch nicht – weil die

~~11.55~~	13.15	Flug von Hannover nach Bitburg in Begleitung des Herrn Bundeskanzlers und Frau Kohls
~~13.05~~	14.30	Ankunft auf der amerikanischen Luftwaffenbasis Bitburg Begrüßung durch den Kommandanten der Luftwaffenbasis Ferner sind anwesend: Herr Dr. Bernhard Vogel, Ministerpräsident des Landes Rheinland-Pfalz Herr Dr. Manfred Wörner, Bundesminister der Verteidigung Herr Theo Hallet, Bürgermeister von Bitburg
~~13.10~~	14.35	Fahrt zum deutschen Ehrenfriedhof Kolmeshöhe (Bitburg)
~~13.20~~	14.45	Ankunft am Ehrenfriedhof anschließend Kranzniederlegung
~~13.40~~	14.55	Fahrt zur Luftwaffenbasis
~~13.55~~	15.10	Ankunft auf der Luftwaffenbasis
~~14.00~~	15.15	Gemeinsame Inspektion amerikanischer und deutscher Truppen
~~14.15~~		~~Mittagessen mit amerikanischen und deutschen Soldaten und deren Familienangehörigen~~
15.00	16.00	Flug nach Köln/Bonn in Begleitung des Herrn Bundeskanzlers und Frau Kohls

Das abgeänderte Programm des Staatsbesuches in Bitburg am Sonntag, 5. Mai 1985.

Amerikaner darauf bestanden – weder auf dem Flugplatz (vorübergehend war ein Hangar im Gespräch) noch in der Stadt in ein Gebäude zu gehen. Und so kam es zu dem Vorschlag, am Fuße der Gangway der „Air Force One" ein Pult mit dem Goldenen Buch zu platzieren, in das sich Präsident Reagan und Bundeskanzler Kohl nach ihrer Ankunft eintragen würden. Die Fotografen und die Kameras des Fernsehens hätten dort ausreichend Platz, und auch die Bitburger Amerikaner und die Deutschen, die zur Begrüßung des amerikanischen Präsidenten und des deutschen Kanzlers gekommen wären, könnten dem kurzen Zeremoniell aus einiger Entfernung zuschauen. Diesem Vorschlag konnten schließlich sowohl wir als auch die amerikanischen Sicherheitsbeamten zustimmen.

Um sicherzugehen, dass damit nichts passierte, hatte ich das Goldene Buch mit nach Hause genommen. Endlich war der Sonntagmorgen des 5. Mai gekommen. Ich glaubte, alles für den heutigen Besuch Notwendige getan und veranlasst zu haben, als um 11 Uhr bei mir zu Hause das Telefon klingelte. Am Apparat war David Harris, der Sicherheitsbeauftragte des Weißen Hauses. Er erklärte, dass er die Hülse des Goldenen Buches – gemeint war der Hohlraum am Rücken des Buches – vor Ankunft des Präsidenten unbedingt noch nach Sprengstoff absuchen müsse. Da wir inzwischen gute Bekannte geworden waren, sagte ich zu ihm: „Das glaube ich dir nicht. Ihr wollt doch nur sehen, ob nicht irgendein suspekter Name im Buch steht."

Das Goldene Buch 57

Präsident Ronald Reagan und Ehefrau Nancy beim Ausstieg aus der „Air Force One" auf dem amerikanischen Flugplatz.

General Peter D. Robinson (Mitte) und sein Stellvertreter Oberst James M. Stewart (links) heißen Ronald Reagan und seine Frau im Namen der Bitburger Amerikaner willkommen.

Bitburgs Bürgermeister Theo Hallet bei der Begrüßung des amerikanischen Präsidenten. Rechts im Hintergrund der rheinland-pfälzische Ministerpräsident Dr. Bernhard Vogel.

Ministerpräsident Dr. Bernhard Vogel begrüßt den US-Außenminister George P. Shultz. Links Bürgermeister Hallet.

Das Goldene Buch 59

Präsident Ronald Reagan bei der Eintragung ins Goldene Buch der Stadt Bitburg, flankiert von Gattin Nancy und Bürgermeister Theo Hallet. Im Hintergrund Ministerpräsident Vogel und Bundeskanzler Kohl.

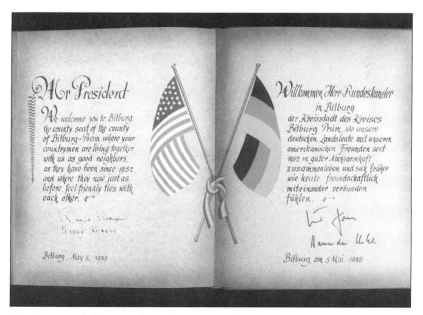

Die Seiten im Goldenen Buch mit den Unterschriften von Präsident Reagan und Bundeskanzler Kohl. Obwohl vom Protokoll nicht vorgesehen, unterschrieben auch die Ehegattinnen der beiden Staatsmänner.

Harris sollte zumindest wissen, dass ich ihm die Ausrede mit dem Sprengstoff nicht abnahm. Ich vereinbarte also mit ihm, dass das Buch bis spätestens 13 Uhr wieder in meinen Händen sein müsse. Und wie zu erwarten, wurde das Goldene Buch auch rechtzeitig und ohne Beanstandung wieder bei mir zu Hause abgegeben.

Die Präsidentenmaschine landete dann, von Bergen-Belsen kommend, gegen 14.30 Uhr auf dem Flugplatz Bitburg. Im Namen aller Bitburger Amerikaner hießen der Flugplatzkommandeur General Peter D. Robinson und Vizekommandeur Oberst James M. Stewart den amerikanischen Präsidenten und seine Gattin auf der Air Base willkommen. Der rheinland-pfälzische Ministerpräsident Dr. Bernhard Vogel, der damalige Bundesverteidigungsminister und spätere NATO-Generalsekretär Dr. Manfred Wörner und ich gehörten zu den deutschen Offiziellen, die den Präsidenten der Vereinigten Staaten begrüßten und willkommen hießen. Ich dankte Reagan im Namen des Stadtrates und der Bevölkerung von Bitburg dafür, dass er trotz der bekannten Schwierigkeiten am Besuch von Bitburg festgehalten hatte.

Während unserer Begegnung war der Präsident sehr freundlich und höflich, wirkte jedoch von der Grundstimmung her ernst. Bundeskanzler Kohl wirkte zwar ebenfalls ernst, schien jedoch auch gelöst und entspannt – wie jemand, der nach großen Schwierigkeiten sein Ziel erreicht hat. Ich selbst fühlte mich sehr angespannt und auch bedrückt, denn ich war gut darüber informiert, was sich in den beiden Hauptstädten und auch zwischen Bonn und Washington im Vorfeld des Besuches abgespielt hatte. Zudem war ich von der Begrüßung bis zur Verabschiedung sehr um die Sicherheit des Präsidenten besorgt. Vielen amerikanischen Begleitern Reagans, auch den ranghohen, stand das Unbehagen über die schwierige Mission an diesem Tag deutlich ins Gesicht geschrieben.

Nach der Begrüßung gingen der US-Präsident und der deutsche Bundeskanzler in Begleitung ihrer Gattinnen zum Pult mit dem Goldenen Buch. Zuerst trug sich Präsident Reagan ein, und dann fragte mich die Präsidentengattin, ob sie sich auch eintragen könne, obwohl dies nicht im Protokoll vorgesehen sei. Ich bejahte selbstverständlich. Danach folgte Bundeskanzler Kohl mit seiner Eintragung, und seine Ehefrau Hannelore trug sich ebenso wie Reagans Gattin Nancy ein.

XII. Ein schwerer Gang

Der Gang vom US-Flugplatz zum Soldatenfriedhof begann sofort nach der Eintragung ins Goldene Buch. Und es war ein sehr schwerer Gang; denn Reagan war in den vergangenen Wochen von zahlreichen namhaften Kritikern aus Senat und Gesellschaft und sogar von hohen Beamten aus dem Weißen Haus bedrängt worden, seine Zusage für den Friedhofsbesuch rückgängig zu machen. Dies alles und die angespannte innenpolitische Situation vor Augen, trat Reagan gegen 14.35 Uhr seine Fahrt zum Soldatenfriedhof Kolmeshöhe an. Nach den Polizeileitfahrzeugen, den Sicherungsfahrzeugen und der Ehreneskorte folgte der Wagen des US-Präsidenten mit Ehefrau Nancy, dem Bundeskanzler und Ehefrau Hannelore sowie dem Dolmetscher. Es folgten wiederum Sicherungsfahrzeuge, und im nächsten Wagen dahinter saßen der rheinland-pfälzische Ministerpräsident Dr. Vogel und ich. Der Ministerpräsident, den ich bereits von vorangegangenen Begegnungen her kannte, war wie stets sehr freundlich und umgänglich. Die kurze Zeit, die wir bei der Hin- und Rückfahrt im Auto zusammen waren, reichte indes lediglich aus, um

Abfahrt des Konvois mit den Gästen des Staatsbesuches vom Flugplatz in Richtung des Soldatenfriedhofs Kolmeshöhe.

Position 1
Der Wagen des Staatsgastes trifft an der Eingangspforte des Friedhofs ein; der Generalinspekteur der Bundeswehr begrüßt den Staatsgast und den Herrn Bundeskanzler. Der Staatsgast schreitet in Begleitung des Herrn Bundeskanzlers durch die Eingangspforte bis vor die Steinkreuze am Fuße des Gräberfeldes.
Hinweis: Die Begleitung nimmt hinter dem Staatsgast und dem Herrn Bundeskanzler Aufstellung und verbleibt dort während des gesamten Zeremoniells. Aus Platzgründen kann diese Begleitung nicht mehr als 12 Personen umfassen. Von Seiten des Bundesministeriums der Verteidigung sollten hierin eingerechnet werden: Der Bundesminister der Verteidigung, der Generalinspekteur der Bundeswehr und der Ehrenbegleiter der Bundeswehr (Generalmajor Hüttel).

Position 2
Der Staatsgast und seine Begleitung verharren. Das Stabsmusikkorps der Bundeswehr spielt einen feierlichen Choral. Danach schreitet der Staatsgast in Begleitung des Herrn Bundeskanzlers auf dem rechten Rundweg bis zu den Kranzträgern. Das gemischte Ehrenspalier an den Außenseiten der Rundwege, die Ehrenposten und die Ehrenformationen beiderseits des Ehrenmals präsentieren; die Tamboure schlagen einen gedämpften Trommelwirbel.

Position 3
Der Staatsgast und der Herr Bundeskanzler erreichen die Kranzträger. Die Kranzträger setzen sich in langsamem Schrittempo in Richtung auf das Ehrenmal in Bewegung. Der Staatsgast und der Herr Bundeskanzler folgen den Kranzträgern.

Position 4
Der Staatsgast erreicht zuerst seine Position, die Kranzträger legen den Kranz ab; der Staatsgast ordnet die Kranzschleife. Jetzt erreicht der Herr Bundeskanzler seine Position, die Kranzträger legen den Kranz ab; der Herr Bundeskanzler ordnet die Kranzschleife. Die Tamboure beenden den Trommelwirbel. Der Staatsgast und der Herr Bundeskanzler verharren vor dem Ehrenmal in einer Gedenkminute. Während dieser Zeit spielt ein Trompeter das „Lied vom guten Kameraden"; ein amerikanischer Trompeter schließt sich mit einem entsprechenden amerikanischen Lied an. Der Staatsgast und der Herr Bundeskanzler schreiten auf dem linken Rundweg zur Eingangspforte zurück. Dabei wird ein kurzer, wenige Schritte langer Gang in eine oder zwei der Gräberreihen und ein Blick auf einige der Grabplatten empfohlen.

Position 5
Nach Wiedererreichen der Position hinter den Steinkreuzen wenden sich der Staatsgast und der Herr Bundeskanzler erneut dem Ehrenmal zu. Das Stabsmusikkorps der Bundeswehr spielt die Nationalhymnen. Danach begeben sich der Staatsgast und seine Begleitung zu den Wagen. Der Generalinspekteur der Bundeswehr dankt für die erwiesene Ehrung.
Hinweis: Das Stabsmusikkorps steht aus Platzgründen im Parkgelände des Friedhofs. Die Ehrenformationen beiderseits des Ehrenmals bestehen aus nur einem Glied, eine tiefere Ehrenformation ist nicht möglich.

Der Ablauf des Besuches von Präsident Ronald Reagan und Bundeskanzler Helmut Kohl auf der Kolmeshöhe wurde vom Eintreffen der Wagen an der Eingangspforte des Friedhofes bis zur Abfahrt detailliert geplant.

Ein schwerer Gang 63

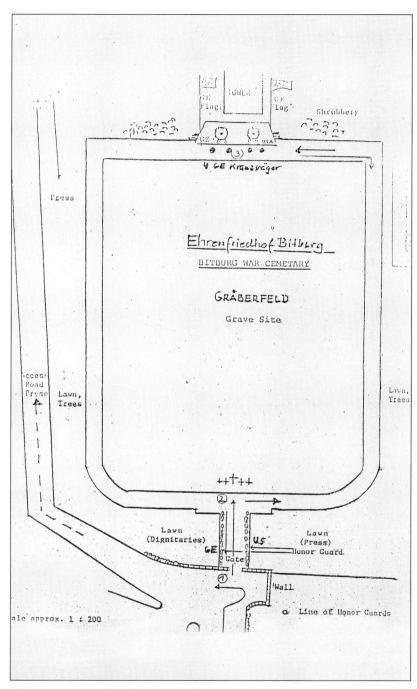

Neben dem exakten Ablaufplan (links) gab es auch eine entsprechende Skizze des Friedhofes mit den vorgesehenen Standorten für die Ehrenformationen, die Kranzträger, die Gäste und die Presse.

uns über die aktuelle Situation in Bitburg zu unterhalten. Uns folgten noch weitere zehn Wagen mit deutschen und amerikanischen Ministern und Botschaftern sowie ranghohen Politikern aus Bonn und Washington; dazwischen jeweils die Sicherheitsfahrzeuge.

Um die Brennpunkte der innerstädtischen Straßen mit vielen Zuschauern und Demonstranten zu umgehen, benutzte der Präsidentenkonvoi auf der Hinfahrt die von den amerikanischen Sicherheitsbeamten vorgeschlagenen, kleineren und ruhiger gelegenen Zufahrtstraßen, wo kaum Demonstranten zu erwarten waren. Der Soldatenfriedhof Kolmeshöhe und die Umgebung waren hermetisch abgeriegelt worden. Zutritt zum Friedhof hatte nur, wer sich mit einer besonderen Erlaubnis ausweisen konnte: über 300 in- und ausländische Journalisten, deutsche und amerikanische Delegationen von Veteranenverbänden, die Beigeordneten und Mitglieder unseres Stadtrates, Bürgerinnen und Bürger unserer Stadt sowie Bundes- und Landespolitiker.

Gegen 14.45 Uhr trafen der US-Präsident und der Bundeskanzler mit den offiziellen Delegationen am Eingang des Friedhofes ein. Nach militärischer Begrüßung durch den Generalinspekteur der Bundeswehr durchschritten sie ein Ehrenspalier, das von zehn Soldaten des Fallschirmjägerbataillons 261 aus dem saarländischen Lebach und zehn Soldaten der US-Air Force des Flugplatzes Bitburg gebildet wurde. Und nun begann das auf zehn Minuten verkürzte Zeremoniell, dessen Dauer ursprünglich auf 20 Minuten veranschlagt worden war. Ein feierlicher Choral, den ein Musikkorps spielen sollte, entfiel daher. Präsident Reagan und Bundeskanzler Kohl gingen, begleitet von den Generälen a. D. Ridgeway und Steinhoff, rechts um das Gräberfeld herum zum Ehrenmal. Nach der Kranzniederlegung reichten sich die beiden Generäle, flankiert von Kohl und Reagan, die Hände. Heinrich Böll schrieb in der „Frankfurter Rundschau" vom 8. Juni 1985 zu diesem Bild: „Ich fand ihre Rolle als Hilfsministranten eines peinlichen Spektakels nicht würdelos, aber entwürdigend."

Auch mich berührte diese Szene damals peinlich, denn die Generäle – die zunächst in keinem Programm oder Protokoll vorgesehen waren – taten das, was die beiden Staatsmänner aufgrund der angespannten inneramerikanischen Situation auf keinen Fall tun durften. Aus dem gleichen Grund waren auch die Fernsehkameras so platziert, dass sie nicht von der Kranzniederlegung des Präsidenten am Ehrenmal zu den Gräbern der gefallenen Soldaten der Waffen-SS schwenken konnten, die – wie alle anderen Gräber auch – von deutschen und amerikanischen Frauen mit Blumen geschmückt worden waren. Während der Kranzniederlegung und des kurzen Totengedenkens lag über dem ganzen Friedhof ein feierlicher Ernst, und die Ergriffenheit aller Anwesenden war nicht zu übersehen. Mit der Melodie vom „Guten Kameraden" endete das Gedenken der beiden Staatsmänner am Ehrenmal.

Am Friedhofsausgang begrüßte Präsident Reagan abschließend Angehörige von Widerstandskämpfern, die führend am gescheiterten Attentat auf Hitler am 20. Juli 1944 beteiligt waren. Unter den Begrüßten waren Oberst Berthold Schenk Graf von Stauffenberg (Sohn des Attentäters), Uta von Aretin (Tochter des Generals

Henning von Tresckow), Lutgarde von Schlabrendorff (Witwe Fabians von Schlabrendorff) sowie Ingrid Potente, die – wie auch andere Angehörige – damals in Sippenhaft genommene Tochter des in Berlin-Plötzensee hingerichteten Generals Erich Hoepner.

Aufgrund der ununterbrochenen Inanspruchnahme meiner Person sowie meiner eigenen Anspannung nahm ich seinerzeit die eigentlich respektlose Kürze des Friedhofsbesuches – die sowohl eine mitfühlende Rücksichtnahme auf die Würde der auf diesem Soldatenfriedhof begrabenen Kriegstoten als auch auf die aufgeschreckte Gefühlswelt der versammelten Trauergemeinde vermissen ließ – kaum wahr. Mir fällt auch heute keine Nation ein, deren Totengedenken bei einem vergleichbaren Anlass so knapp bemessen gewesen wäre. Fast alles, was in diesen knapp zehn Minuten geschah, war meiner Meinung nach zu kurz, zu wenig, zu eilig und daher peinlich und eine Zumutung. Angefangen von der „Ersatzhandlung" der beiden Generäle bis hin zum kurzen Wortwechsel mit den nach dem Attentat verfemten Angehörigen der tapferen deutschen Widerstandskämpfer. Die Präsidentengattin Nancy Reagan schrieb über den Friedhofsbesuch in ihren 1990 auf Deutsch erschienenen Memoiren „My Turn – Jetzt kann ich reden": „Wir hielten uns zwar nur wenige Minuten auf dem Friedhof auf, doch mir erschien es wie eine Ewigkeit." Die „Ewigkeit" wird sie sicher tatsächlich so empfunden haben, auch wenn es eben „nur wenige Minuten" waren – laut Protokoll „nur wenige Minuten" sein durften. Und das angesichts eines Friedhofes, der mehrere Wochen lang etwas von der Last und den noch immer anhaltenden Kontroversen um unsere jüngere deutsche Geschichte zu spüren bekommen hatte. Am längsten hielten es die deutschen und amerikanischen Veteranen des Zweiten Weltkrieges aus. Als alle den Friedhof bereits verlassen hatten, standen sie noch am Ehrenmal beisammen und tauschten ganz im Geiste der „Aussöhnung zwischen unseren Völkern" (Kohl) Freundschaftsbekundungen aus. Sie brachten auf eine schlichte, kameradschaftliche und unverstellte Art und Weise ihr gemeinsames Gedenken an die Kriegstoten zum Ausdruck.

Bei der Rückfahrt des Präsidentenkonvois, dessen Route nunmehr an einem innerstädtischen Knotenpunkt vorbeiführte, standen die einheimischen Zuschauer und auswärtigen Besucher dicht gedrängt neben den verschiedenen Aktivistengruppen zu beiden Seiten der Straße. Der Jubel wurde übertönt durch die lautstarken Protestrufe der jüdischen Demonstranten aus den USA und Europa. Sie drückten ihre Empörung und ihren Unmut mit zahlreichen Plakaten und Transparenten aus, auf denen zum Beispiel die Worte standen: „Gott, vergib ihnen nicht, denn sie wissen, was sie tun." Immer wieder waren Plakate mit einem schlichten „Why?" zu sehen. Da, wo keine Demonstranten standen, sah man jedoch auch Plakate mit der Aufschrift „Welcome Mr. President" oder „Thank you very much, Mr. President" und viele Zuschauer, die mit kleinen US-Fähnchen dem Präsidenten und dem Bundeskanzler zuwinkten.

Der Streckenschutz unserer Polizei hatte alle Hände voll zu tun, um militante Gruppen am Blockieren der wichtigsten Rückfahrtstraße zu hindern. Eine Zuspit-

Der deutsche General a.D. Johannes Steinhoff und der amerikanische General a.D. Matthew B. Ridgeway reichen sich nach der Kranzniederlegung durch die Staatsmänner die Hände zur symbolischen Versöhnung.

Präsident Reagan im Gespräch mit Angehörigen deutscher Widerstandskämpfer. Im Hintergrund (in Uniform) Oberst Berthold Schenk Graf von Stauffenberg.

Ein schwerer Gang 67

Bundeskanzler Kohl und Präsident Reagan nach dem Zeremoniell im Kreis der Angehörigen deutscher Widerstandskämpfer.

Bundeskanzler Kohl, General a.D. Steinhoff, Präsident Reagan und General a.D. Ridgeway verlassen mit Begleitern den Friedhof Kolmeshöhe.

Entlang der Straßen hatten sich auch viele empörte jüdische Demonstranten und Aktivistengruppen mit entsprechenden Transparenten postiert, um gegen den Besuch Reagans auf dem Friedhof zu protestieren.

An den Brennpunkten in der Stadt gab es große Ansammlungen von Demonstranten, die auf Plakaten, Transparenten und in Sprechchören ihrem Unmut Ausdruck gaben.

zung der Lage ergab sich kurz vor der Rückfahrt des Präsidenten, als Demonstranten das fahrbare Podest einer Fernsehkamera umzustürzen versuchten, was jedoch durch den sofortigen Einsatz des mobilen Streckenschutzes verhindert werden konnte. Großer Jubel herrschte hingegen bei den Bitburger Amerikanern, als der Präsidentenkonvoi schließlich entlang der amerikanischen Wohnsiedlung in Richtung Flugplatz fuhr. Dort wurden Reagan und Kohl begeistert empfangen.

AUFRUF
zur DEMONSTRATION am 5. MAI in BITBURG

FÜR ein Gedenken der Toten des 2. Weltkrieges.
FÜR eine Versöhnung der Völker.
Aber GEGEN die immense Aufrüstung der NATO.
Und GEGEN die aggressive Lateinamerika-Politik der Reagan-Regierung.

Am 5. Mai '85 werden der Präsident der Vereinigten Staaten, Ronald Reagan, und Bundeskanzler Helmut Kohl nach Bitburg kommen. Auf dem Ehrenfriedhof Kolmeshöhe ist eine Kranzniederlegung beider Staatsmänner geplant. Warum kommt der mächtige Mann des weißen Hauses ausgerechnet nach Bitburg?

Der Bitburger Flughafen, zusammen mit dem 20 km entfernten Flughafen Spangdahlem, gehört aufgrund seiner Ausstattung mit hochmodernen Aufrüstung (die F-15 Flugzeuge in Bitburg sind neueste Entwicklungen der US-Streitkräfte) zu den wichtigsten Militärflughäfen in Europa. Wegen ihrer Bauweise sind die F-15 schon im jetzigen Zustand fähig, Anti-Satellit-Raketen zu befördern und gegebenenfalls abzufeuern. Der erste Schritt im Star-War-Programm der US-Regierung ist auf dem Bitburger Flughafen bereits verwirklicht.

Die emsigen Bauarbeiten auf der Air-Base Bitburg dienen dazu, Bunkeranlagen zu errichten, in denen Marschflugkörper gewartet werden sollen. Ronald Reagan kann hier also den "Erfolg" seiner enormen Aufrüstungspolitik besonders anschaulich sehen. Daß von solchen Raketen schon in Friedenszeiten große Gefahren ausgehen, beweisen viele Unfälle.

Wir bekommen so immer mehr die Folgen der Reagan-Aufrüstungspolitik zu spüren. Nicht nur, daß die enormen Rüstungsvorhaben mit Hilfe von Sozial-Kürzungen (bei Rentnern, Arbeitslosen etc.) finanziert werden müssen, sondern auch, daß wir den Preis der zunehmenden Fluglärms und der Umweltzerstörung (Kerosinkatastrophe im Januar '85) zu zahlen haben. Wie in den Medien schon mehrmals berichtet, beabsichtigen die US-Streitkräfte, das Personal des Bitburger Flughafens um mehrere Tausend Soldaten zu verstärken. Dies hätte zwangsläufig eine Erhöhung der schon überdurchschnittlich hohen Mieten im Raum Bitburg zur Folge.

Im Falle eines Krieges aber wäre Bitburg militärisches Zielgebiet. Dies zeigen auch die Übungen, die die US-Streitkräfte auf dem Spangdahlemer Flughafen für Ende April - Anfang Mai planen. Die Manöver gehen von der Bombardierung der Rollbahn und dem Einsatz chemischer und biologischer Kampfstoffe aus, denen die Bevölkerung im Krieg schutzlos ausgesetzt wäre.

Nahe Bitburg liegen einige Soldatenfriedhöfe, auf denen Gefallene des 2. Weltkrieges beerdigt wurden. Reagan beabsichtigt, dort - zum Zeichen seiner "Friedenswilligkeit" - einen Kranz am Grabe ehemaliger Feinde Amerikas niederzulegen. Wohl auch wegen seines Negativ-Images, das er als "Kalter Krieger" und aggressiver Verfechter seiner Politik der Stärke (auch mit militärischen Mitteln) in weiten Teilen der BRD-Öffentlichkeit genießt. Daß die Kranzniederlegung nur ein Scheinargument eines werbewirksam auftretenden Reagan sein kann, durchschaut man nur allzuleicht.

Laßt uns die Taten messen und nicht an ihren Worten! Denn wie zeigt sich die Politik Reagans - aber auch Kohls - in Mittel- und Südamerika? Gegen den Willen weiter Bevölkerungsschichten der USA und sogar des Kongresses führt der Präsident einen verdeckten Krieg gegen das kleine Land Nicaragua. Mit dem Scheinargument eines Ost-West-Konfliktes ersticken US-Söldner und Militärberater benachbarter Länder dort eine eigenständige Entwicklung.

Nicht vergessen ist El Salvador. Eine Militärclique bekriegt die eigene Bevölkerung. Jeder Freiheitswunsch stirbt unter den Gewehren der Militärs und der "Todesschwadronen". Ohne US-Unterstützung, aber auch ohne die Hilfe der Kohl-Regierung, hätte das Regime in El Salvador keinen weiteren Tag Überlebenschance.

Aus den Medien verbannt ist Grenada. Einmal mehr hat hier Reagan bewiesen, was er von dem Recht auf Selbstbestimmung und dem Grundsatz der Nichteinmischung hält. Die Invasion von Grenada hat 100 Menschen das Leben gekostet.

Reagan und Kohl versprechen sich, daß in unserer ländlichen Gegend der Protest gegen ihren heuchlerischen Besuch gering bleibt. Wir wollen ihnen das Gegenteil beweisen!

**Stoppt die US-Intervention in Nicaragua!
Kein Star-War-Programm!
Umverteilung der Rüstungsausgaben in lebenswichtige Bereiche, wie z.B. Arbeitsplätze, Soziales und Umweltschutz.**

Auftaktkundgebung <u>11 Uhr</u> Postplatz Bitburg
Demonstration <u>12.30 Uhr</u>
Abschlusskundgebung <u>14 Uhr</u>

VISDP: FRIEDENSKOORDINATION TRIER - BITBURG C/O PETER TERWINT

Ein vor dem Besuch verteiltes Flugblatt rief an diesem Tag zur Demonstration gegen die Aufrüstung der NATO und die Außenpolitik der USA vor allem in Lateinamerika auf.

Deutsche und amerikanische Veteranen des Zweiten Weltkrieges tauschen am Ehrenmal Freundschaftsbekundungen aus und gedenken mit eigenen Kränzen der gefallenen Kameraden.

Nach dem Friedhofsbesuch sind die letzten Reporter beim Aufräumen. Weit über 300 Journalisten aus aller Welt waren an diesem Tag in Bitburg, um von dem Besuch Präsident Reagans und Bundeskanzler Kohls zu berichten.

XIII. Aufatmen und Erleichterung

Vom Friedhof zurückgekehrt, hielten der Bundeskanzler und der US-Präsident auf dem Flugplatz vor den Ehrengästen sowie vielen Amerikanern und Deutschen eine Ansprache, in deren Mittelpunkt die deutsch-amerikanische Freundschaft und die „Aussöhnung zwischen unseren Völkern" (Kohl) stand. Und Präsident Reagan fügte hinzu: „Wir, die wir Feinde waren, sind jetzt Freunde; wir, die wir bittere Gegner waren, sind jetzt die stärksten Verbündeten." Mit diesen Ansprachen und einer gemeinsamen Inspektion amerikanischer und deutscher Truppen ging der Staatsbesuch in Bitburg zu Ende. Der Abschied verlief ziemlich unkonventionell. Als Präsident Reagan und Ehefrau Nancy in das Flugzeug stiegen, hatten die Sicherheitsbeamten alle Hände voll zu tun, um die herandrängenden Enthusiasten von der Gangway fernzuhalten. Es herrschte bei allen ein spürbares Gefühl der Erleichterung, das besonders im sichtlich entspannten Abschiedsgruß des Präsidenten und seiner Frau Ausdruck fand.

Als die Präsidentenmaschine „Air Force One" abhob und in Richtung Köln/Bonn entschwand, fiel nun auch die Anspannung der letzten Tage und Wochen von den deutschen und amerikanischen Offiziellen ab. Auch alle Bitburger und Amerikaner atmeten erleichtert auf, da am Besuchstag selbst keinerlei Zwischenfälle und keine besonderen Vorkommnisse zu verzeichnen waren – was in Anbetracht der Vielzahl von militanten Demonstranten keineswegs selbstverständlich war. In einer entspannten Atmosphäre begann nun die übliche Nachbetrachtung des Ereignisses. Zusammen mit den vielen Gästen, die anlässlich des Besuches in unserer Stadt weilten, ließen Einheimische wie Amerikaner einen ereignisreichen Sonntag in volksfestähnlicher Stimmung ausklingen.

Auf langen Bänken und an langen Tischen saßen am Rande der Landebahn in bunter Reihe die amerikanischen Offiziellen, die Bitburger Stadträte, die Mainzer Landesminister und die deutschen Offiziellen beisammen und waren bei schnell herbeigeschafftem Bier und gutem Essen bald in bester Laune. Besonders aufgeräumt waren einzelne Stadträte, die mit den Landesministern aus Mainz ziemlich ungnädig umgingen: „Schön, dass Sie sich nach so langer Zeit noch einmal in Bitburg sehen lassen" und ähnliche Töne waren aufgrund ihrer Lautstärke zuweilen nicht zu überhören. Die Mainzer, die an diesem Nachmittag noch einige verbale Seitenhiebe mehr einstecken mussten, machten jedoch gute Miene zum bösen Spiel und hielten sich zurück.

Als wir – Stadtrat, Beigeordnete und ich – später unter uns waren, drückten wir alle unsere Erleichterung darüber aus, dass es an diesem Sonntag keinerlei

Zwischenfälle gegeben hatte. Mit großer Genugtuung wurde auch registriert, dass keine Schmierereien oder irgendwelche provokativen Symbole in den Tagen vor dem Staatsbesuch im Stadtgebiet zu sehen waren. Mir ist nicht bekannt, dass diese gute und nicht unwichtige Nachricht, die eigentlich zum vollständigen Bild der vergangenen spannungsgeladenen Tage und Wochen gehört hätte, im Fernsehen oder in den Zeitungen mit nur einem Wort erwähnt worden ist – aber darauf kam es bei der Berichterstattung ja auch nicht an. Jedenfalls hatte ich allen Grund, den US-Sicherheitsbeamten und unserer Polizei im Namen der Bevölkerung und des Stadtrates Dank und Anerkennung für die umsichtigen Sicherheitsmaßnahmen, den gut organisierten Streckenschutz und die schwierigen Verkehrsmaßnahmen auszudrücken.

Ausgesprochen unerfreulich waren hingegen die Bemerkungen im Besucherbuch, das in der Gedenkhalle des Friedhofs auslag: „Sie gaben ihr Blut für eine Idee" und „Die Verräter des 20. Juli", hieß es darin unter anderem. Ein daraufhin neu beschafftes und ausgelegtes Besucherbuch wurde schon kurz danach entwendet. Bei den Souvenirjägern waren hingegen die Kranzschleifen sehr beliebt. Um deren Reste zu retten, wurden die Kränze des US-Präsidenten und des Bundeskanzlers in die abschließbare Gedenkhalle des Ehrenmals gebracht.

Amerikanische Schulkinder erwarten auf dem Flugplatz die Ankunft des Fahrzeugkonvois mit ihrem Präsidenten.

Unzählige Menschen waren auf den Flugplatz gekommen, um Präsident Reagan und Bundeskanzler Kohl zu begrüßen und nach der Rückkehr vom Friedhof ihre Reden zu hören. Im Vordergrund die limitierte Sonderanfertigung eines Gedenk-Bierkruges.

Inspektion amerikanischer und deutscher Truppen auf dem Flugplatz durch Bundeskanzler Kohl und Präsident Reagan.

Ansprache des Bundeskanzlers Dr. Helmut Kohl auf dem amerikanischen Luftwaffenstützpunkt in Bitburg am 5. Mai 1985:

Herr Präsident,
Soldaten der amerikanischen Streitkräfte,
Soldaten der Bundeswehr,
Exzellenzen, meine sehr verehrten Damen und Herren,
liebe amerikanische Freunde, liebe Landsleute!

Es geschieht nicht oft, daß uns die geschichtliche Verstrickung der Vergangenheit in Gegenwart und Zukunft unseres Landes so eindrücklich erreicht wie in den Stunden hier in Bitburg.

Der Präsident der Vereinigten Staaten von Amerika, unser Freund Ronald Reagan, und ich haben vor wenigen Minuten dort drüben auf dem Soldatenfriedhof der dort liegenden Toten gedacht und mit ihnen aller Opfer des Krieges und der Gewaltherrschaft, der Toten und der Verfolgten aller Nationen.

Der Gang mit Präsident Reagan über die Soldatengräber von Bitburg war kein leichter Gang. Er mußte und muß bei vielen tiefe Empfindungen wachrufen. Für mich bedeutet er zunächst und ganz unmittelbar Trauer und Betroffenheit über das unendliche Leid, das Krieg und totalitäres Regime über die Völker gebracht haben – Trauer und Betroffenheit, die nie vergehen werden.

Aber aus ihr erwächst für uns die Verpflichtung zum Frieden in Freiheit als oberstes Ziel unseres politischen Handelns.

Und dieser Gang zu den Gräbern von Bitburg bedeutet auch eine Bekräftigung und eine weithin sichtbare und empfundene Geste der Aussöhnung zwischen unseren Völkern, dem Volk der Vereinigten Staaten und uns Deutschen, einer Aussöhnung, die die Vergangenheit nicht verdrängt, sondern sie im Miteinander überwindet.

Und schließlich ist unser Hiersein die Bewährung einer Freundschaft, die sich als standfest und verläßlich erwiesen hat und die sich auf dem Wissen um gemeinsame Wertordnungen gründet.

Ich danke Ihnen, Herr Präsident, für das ganze deutsche Volk, und ich danke Ihnen sehr persönlich als Freund, daß Sie diesen Gang mit mir gemeinsam gemacht haben.

Ich glaube, daß viele in unserem deutschen Volk diesen Ausdruck tiefer Freundschaft verstehen und daß uns daraus für unsere Völker gemeinsam eine gute Zukunft erwachsen wird.

Die Stadt Bitburg war in besonderer Weise Zeuge des Untergangs des „Dritten Reiches". Sie hat das Jahr 1945 erlitten. Sie hat den Anschluß gefunden im Wiederaufbau, in den Jahren der Versöhnung.

Hier in Bitburg finden seit 25 Jahren gemeinsame Gedenkfeiern statt, in denen sich amerikanische, französische und deutsche Soldaten und die Bürger dieser Stadt und dieser Region der Opfer des Krieges erinnern und ihre Freundschaft und ihren Willen, gemeinsam für das Erhalten des Friedens einzutreten, immer wieder neu bekräftigen.

Hier haben sich in besonderer Weise in diesen Jahren engste freundschaftliche Beziehungen zwischen den amerikanischen Streitkräften und unserer Bevölkerung entwickelt.

Bitburg kann als ein Symbol der Aussöhnung und der deutsch-amerikanischen Freundschaft gelten.

Soldaten der Bundeswehr: Die meisten von Ihnen sind nach dem 8. Mai 1945 geboren, Sie haben Krieg und Zwangsherrschaft in unserem Land selbst nicht mehr kennengelernt, Sie sind aufgewachsen in der Zeit des Baus unserer Republik, in der Zeit, in der die Freundschaft zwischen uns und dem amerikanischen Volk sich wiederbelebte und entwickelte. Sie haben unsere amerikanischen Freunde als Helfer, als Partner und als Verbündete kennengelernt.

Tage wie der heutige sind geeignet, gerade die junge Generation unseres Volkes daran zu erinnern, daß diese – für uns so glückliche – Entwicklung nicht selbstverständlich ist und daß das Erhalten von Frieden in Freiheit unseren ganz persönlichen Einsatz fordert.

Sie, die Soldaten der amerikanischen Streitkräfte in der Bundesrepublik Deutschland, dienen Ihrem Land, den Vereinigten Staaten von Amerika, und unserer Republik gleichermaßen.

Die Sicherheit der Bundesrepublik Deutschland ist aufs engste mit der Partnerschaft, mit der Freundschaft mit den Vereinigten Staaten von Amerika verbunden.

Wir wissen, was wir Ihnen und auch Ihren Familien verdanken. Wir wissen auch, daß für viele von Ihnen der Dienst in Übersee Opfer bedeutet. Seien Sie gewiß, daß Sie in unserem Lande, in der Bundesrepublik Deutschland, gern gesehene Gäste sind! Und lassen Sie sich auch von einer kleinen, unbedeutenden Minderheit anderes nicht einreden!

Sie sind uns von Herzen willkommen als Freunde, als Verbündete, als Garanten unserer Sicherheit!

Die Beziehungen zwischen den amerikanischen Streitkräften und der Bundeswehr sind über viele Jahre hinweg gewachsen und eng wie nie zuvor.

Ich möchte Ihnen, den amerikanischen und den deutschen Soldaten, für diese für uns schon fast selbstverständlich gewordene Partnerschaft danken. Sie stärkt unseren gemeinsamen Willen zur Verteidigung von Frieden und Freiheit unserer Länder; und diese Partnerschaft – auch das will ich gerade hier in Bitburg erwähnen – ist so eine Quelle des gegenseitigen Verständnisses unserer Völker geworden, eine Quelle und Begründung vieler persönlicher Freundschaften.

Ich wünsche Ihnen, den Soldaten der amerikanischen Streitkräfte, ich wünsche unseren Soldaten der Bundeswehr, ich wünsche uns allen, daß wir gemeinsam unseren Beitrag zum Frieden und zur Freiheit unseres Landes, zum Frieden in der Welt leisten und daß Gottes Segen uns geschenkt sein möge!

(Quelle: Bulletin des Presse- und Informationsamtes der Bundesregierung vom 7. Mai 1985, Nr. 49, S. 419 f.)

Ansprache des Präsidenten der USA Ronald Reagan auf dem amerikanischen Luftwaffenstützpunkt in Bitburg am 5. Mai 1985:

Ich komme soeben von dem Friedhof, auf dem deutsche Kriegstote ihre letzte Ruhe fanden. Niemand kann diesen Friedhof ohne tiefe und widerstreitende Empfindungen besuchen. Ich war von großer Trauer darüber erfüllt, daß die Geschichte solche Verschwendung, Zerstörung und solchen Schrecken hervorbringt. Aber mein Herz wurde auch durch die Erkenntnis getröstet, daß aus der Asche Hoffnung gewachsen ist und daß wir aus diesem Schrecken der Vergangenheit 40 Jahre des Friedens und der Freiheit und der Aussöhnung zwischen unseren Nationen geschaffen haben.

Dieser Besuch hat viele Emotionen im amerikanischen und auch im deutschen Volk hervorgerufen. Seit ich mich zum ersten Mal entschloß, den Bitburger Friedhof zu besuchen, habe ich zahlreiche Briefe erhalten – einige zustimmend, andere tief besorgt und voll Fragen, wieder andere ablehnend. Einige alte Wunden wurden aufgerissen, und dies bedaure ich überaus, weil dies eine Zeit des Heilens sein sollte.

Den amerikanischen Kriegsveteranen und ihren Familien, die immer noch die Narben und die schmerzlichen Verluste jenes Krieges tragen und fühlen, möchte ich sagen, daß diese Geste der Aussöhnung mit dem deutschen Volk heute in keiner Weise unsere Liebe und Achtung für jene, die für unser Land gekämpft haben und gefallen sind, mindert. Sie gaben ihr Leben, um die Freiheit in ihrer dunkelsten Stunde zu retten. Das Bündnis demokratischer Nationen, das heute die Freiheit von Millionen in Europa und Amerika schützt, ist der lebendige Beweis dafür, daß ihr nobles Opfer nicht umsonst war.

Ihr Opfer war nicht umsonst. Ich muß Ihnen sagen, daß ich nie aus irgend etwas mehr Hoffnung beziehen werde als aus dem Anblick von zwei früheren Kriegshelden, die sich heute auf dem Friedhof gesehen haben. Jeder gehörte zu den tapfersten der Tapferen. Jeder war damals Feind des anderen, vor 40 Jahren. Und jeder hat die Schrecken des Krieges erlebt. Aber heute kamen sie aufeinander zu: ein Amerikaner, ein Deutscher, General Matthew B. Ridgeway und General Johannes Steinhoff. Sie sind ausgesöhnt und vereint für die Freiheit und reichten sich über den Gräbern wie Brüder die Hände in Frieden.

Den Überlebenden des Holocaust möchte ich sagen: Ihr schreckliches Leiden hat sie besonders wachsam gegenüber dem Bösen gemacht. Viele von ihnen sind besorgt, daß Aussöhnung Vergessen bedeute. Ich verspreche Ihnen, daß wir niemals vergessen werden. Ich bin gerade aus Bergen-Belsen gekommen, wo der Schrecken dieses grausamen Verbrechens, des Holocaust, sich unauslöschlich in mein Gedächtnis eingebrannt hat. Nein, wir werden niemals vergessen, und wir sagen gemeinsam mit den Opfern des Holocaust: „Nie wieder."

Der Krieg gegen die totalitäre Diktatur eines Mannes war anders als andere Kriege. Die unheilvolle Welt des Nazismus hat alle Werte auf den Kopf gestellt. Dennoch können wir heute die deutschen Kriegstoten als Menschen betrauern, die von einer bösartigen Ideologie zermalmt wurden.

Auf dem Friedhof in Bitburg liegen mehr als 2.000 Menschen begraben. Darunter befinden sich 48 Angehörige der SS. Die Verbrechen der SS müssen als die abscheulichsten in der Geschichte der Menschheit angesehen werden. Aber die anderen, die dort begraben sind, waren einfach Soldaten der deutschen Armee. Wie viele waren fanatische Anhänger eines Diktators und führten seine grausamen Befehle vorsätzlich aus? Und wie viele waren Wehrpflichtige, die während des letzten Todeskampfes der Nazi-Kriegsmaschine in den Wehrdienst gezwungen wurden? Wir wissen es nicht. Viele, und das wissen wir von den Inschriften auf ihren Grabsteinen, waren noch blutjung. Ein Junge ist dort begraben, der eine Woche vor seinem 16. Geburtstag starb.

Es gab Tausende solcher Soldaten, für die der Nazismus nichts anderes bedeutete, als das brutale Ende eines kurzen Lebens. Wir glauben nicht an die Kollektivschuld. Nur Gott kann in das Herz des Menschen schauen. All diese Männer standen schon vor ihrem obersten Richter, und er hat über sie Gericht gehalten, wie er über uns alle Gericht halten wird.

Heute obliegt es uns, die vom Totalitarismus unter den Menschen angerichtete Verwüstung zu betrauern. Heute, auf dem Friedhof in Bitburg, gedachten wir des nie zur Entfaltung gekommenen Guten und der Menschlichkeit, die vor 40 Jahren ausgelöscht wurden. Wenn jener 15jährige Soldat überlebt hätte, hätte er vielleicht gemeinsam mit seinen Landsleuten die neue demokratische Bundesrepublik Deutschland mit aufgebaut, sich der menschlichen Würde und der Verteidigung der Freiheit verschrieben, die wir heute feiern. Oder vielleicht wären seine Kinder oder Enkelkinder heute hier auf dem Luftwaffen-Stützpunkt Bitburg unter Ihnen, wo neue Generationen deutscher und amerikanischer Bürger sich in Freundschaft und für die gemeinsame Sache zusammenfinden und ihr Leben der Wahrung des Friedens und dem Schutz der Sicherheit der freien Welt weihen.

Zu oft hat in der Vergangenheit jeder Krieg nur die Saat für den nächsten gelegt. Wir feiern heute die Aussöhnung zwischen unseren beiden Nationen, die uns aus dem Teufelskreis der Zerstörung herausgeführt hat.

Schauen Sie auf das, was wir gemeinsam erreicht haben: Wir, die wir Feinde waren, sind jetzt Freunde; wir, die wir bittere Gegner waren, sind jetzt die stärksten Verbündeten. An die Stelle von Furcht haben wir Vertrauen gesetzt, und aus den Ruinen des Krieges ist ein dauerhafter Friede entsprossen. Zehntausende von Amerikanern haben im Laufe der Jahre in dieser Stadt Dienst getan. Der Bürgermeister von Bitburg hat darauf hingewiesen, daß während dieser Zeit rund 6.000 Hochzeiten zwischen Deutschen und Amerikanern stattgefunden haben, und viele Tausende von Kindern sind aus diesen Ehen hervorgegangen. Dies ist das wahre Symbol unserer gemeinsamen Zukunft – einer Zukunft, die wir mit Hoffnung, Freundschaft und Freiheit füllen wollen.

Die Hoffnung, die wir heute sehen, machte sich manchmal selbst in den dunkelsten Tagen des Krieges schon bemerkbar. Ich denke dabei an eine besondere Geschichte – die einer Mutter, welche mit ihrem jungen Sohn in einem bescheidenen Haus mitten im Wald lebte. In einer Nacht, als die Ardennen-Schlacht nicht weit weg von diesem Haus losbrach, standen drei junge amerikanische Soldaten vor ihrer Tür – im Schnee, hinter den feindlichen Linien. Alle hatten Erfrierungen, und einer war schwer verwundet. Obwohl die Gewährung von Obdach für den Feind mit dem Tode bestraft wurde, nahm diese Frau die Soldaten auf und bereitete ihnen ein Essen mit dem letzten, was sie hatte.

Bald darauf klopfte es wiederum an der Tür. Diesmal waren es vier deutsche Soldaten. Die Frau war erschrocken, aber mit fester Stimme sagte sie rasch: „... Hier wird nicht geschossen." Sie sorgte dafür, daß alle Soldaten ihre Waffen ablegten, und sie alle setzten sich zu einer improvisierten Mahlzeit zusammen. Es stellte sich heraus, daß Heinz und Willi nur 16 Jahre alt waren; der Unteroffizier war mit 23 Jahren der Älteste. In der Wärme und Behaglichkeit des kleinen Hauses löste sich ihr natürlicher Argwohn auf. Einer der Deutschen, ein ehemaliger Medizinstudent, versorgte den verwundeten Amerikaner.

Und nun hören Sie, wie die Geschichte weitergeht, erzählt von einem, der dabei war: „Dann sprach die Mutter das Tischgebet", so erinnerte sich der Junge. „Ich bemerkte, daß sie Tränen in den Augen hatte, als sie die alten vertrauten Worte sprach ‚Komm Herr Jesus, sei unser Gast', und als ich mich am Tische umsah, sah ich auch in den Augen der kriegsmüden Soldaten Tränen – Jungens wohlgemerkt, einige aus Amerika, einige aus Deutschland und alle weit weg von zu Hause."

In jener Nacht, als der Sturm des Krieges über die Welt hinwegbrauste, schlossen sie ihren eigenen privaten Waffenstillstand. Am nächsten Morgen zeigte der deutsche Unteroffizier den Amerikanern, wie sie wieder hinter ihre eigenen Linien zurückkehren konnten. Sie alle schüttelten sich die Hand und gingen ihrer getrennten Wege. Das war am Weihnachtstag vor 40 Jahren.

Diese jungen Menschen erlebten einen Moment der Versöhnung inmitten des Krieges. Sicherlich sollten wir als Verbündete in Friedenszeiten der Aussöhnung der letzten 40 Jahre Ehre erweisen.

Der Bevölkerung von Bitburg, unseren Gastgebern und den Gastgebern unserer Soldaten, möchte ich sagen: Sie bereiten uns ein herzliches Willkommen wie jene großherzige Frau vor 40 Jahren.

Und den Männern und Frauen von der Bitburg Air Base möchte ich sagen: Wir wissen, daß selbst angesichts solch wunderbarer Gastgeber Ihre Arbeit hier nicht leicht ist. Sie tun rund um die Uhr Dienst, weit von der Heimat entfernt und immer zur Verteidigung der Freiheit bereit. Wir sind Ihnen dankbar und sehr stolz auf Sie.

Vor 40 Jahren führten wir einen großen Krieg, um die Welt aus der Dunkelheit des Bösen zu befreien, um dafür zu sorgen, daß Männer und Frauen in diesem

Lande und in allen Ländern im Lichte der Freiheit leben können. Es war ein großer Sieg, und die Bundesrepublik Deutschland, Italien und Japan gehören nun der Gemeinschaft der freien Nationen an. Aber der Kampf für die Freiheit ist noch nicht zu Ende, denn heute befindet sich immer noch ein großer Teil der Welt in der Finsternis des Totalitarismus.

Vor 22 Jahren sah Präsident John F. Kennedy die Berliner Mauer und rief aus, daß auch er ein Berliner sei. Heute müssen freiheitsliebende Menschen überall auf der Welt sagen: Ich bin ein Berliner, ich bin ein Jude in einer immer noch vom Antisemitismus bedrohten Welt, ich bin ein Afghane, ich bin ein Gefangener im Gulag, ich bin ein Flüchtling in einem überfüllten Boot, das vor der Küste von Vietnam treibt, ich bin ein Laote, ein Kambodschaner, ein Kubaner und ein Miskito-Indianer in Nicaragua, Auch ich bin ein potentielles Opfer des Totalitarismus.

Das eine, was uns der Zweite Weltkrieg und der Nazismus gelehrt haben, ist, daß die Freiheit immer stärker sein muß als der Totalitarismus; daß das Gute immer stärker sein muß als das Böse. Der moralische Maßstab unserer beiden Nationen wird in der Entschlossenheit liegen, die wir zeigen, um die Freiheit zu bewahren, das Leben zu schützen und alle Kinder Gottes zu achten und zu ehren.

Deshalb ist die freie demokratische Bundesrepublik Deutschland ein so tiefes und hoffnungsvolles Zeugnis für den Geist des Menschen. Wir können die Verbrechen und die Kriege von gestern nicht ungeschehen machen, und wir können auch nicht die Millionen Menschen ins Leben zurückrufen. Aber wir können der Vergangenheit dadurch Sinn geben, daß wir unsere Lehren ziehen und eine bessere Zukunft schaffen. Wir können dafür sorgen, daß unsere Schmerzen uns zu größeren Anstrengungen anspornen, um das Leid der Menschheit zu heilen.

Heute bin ich 220 Meilen oder 400 Kilometer gereist, von Bergen-Belsen hierher, und ich habe das Gefühl, das war eine 40-Jahres-Reise.

Fest eingedenk der Lehren der Vergangenheit haben wir eine neue und hellere Seite der Geschichte aufgeschlagen. Unter den vielen Briefen, die ich im Zusammenhang mit diesem Besuch erhielt, war der einer jungen Frau, die erst kürzlich ein volles Mitglied der jüdischen Glaubensgemeinschaft (Bat Mitzvah) geworden ist. Sie bat mich, den Kranz auf dem Friedhof in Bitburg zu Ehren der Zukunft Deutschlands niederzulegen; und das haben wir getan.

An diesem vierzigsten Jahrestag der Beendigung des Zweiten Weltkrieges begehen wir den Tag, an dem der Haß, das Böse und die schrecklichen Ereignisse endeten, und wir gedenken feierlich der Wiedergeburt des demokratischen Geistes in Deutschland.

Vieles an diesem historischen Jahrestag stimmt uns hoffnungsvoll. Eines der Symbole könnte diese Hoffnung sein: Vor kurzer Zeit, als wir eine deutsche Kapelle hörten, die die amerikanische Nationalhymne spielte, und eine amerikanische Kapelle spielte die deutsche Hymne.

Während ein großer Teil der Welt immer noch in der Dunkelheit der Unterdrückung lebt, können wir ein Neuerwachen der Freiheit überall auf unserer Erde erkennen.

Und wir können erleben, wie das Licht, das von diesem neuen Erwachen ausgeht, immer heller leuchtet – in den neuen Demokratien Lateinamerikas, in den neuen wirtschaftlichen Freiheiten und dem Wohlstand in Asien, in der allmählichen Entwicklung zum Frieden im Nahen Osten und in dem stärker werdenden Bündnis der demokratischen Nationen in Europa und in Amerika.

Wir wollen uns in diesem Licht zusammenfinden und aus dem Schatten heraustreten, und wir wollen in Frieden leben.

Ich danke Ihnen sehr. Gott segne Sie alle!

(Quelle: Bulletin des Presse- und Informationsamtes der Bundesregierung vom 7. Mai 1985, Nr. 49, S. 420 ff.)

Präsident Reagan und Gattin Nancy bei der Verabschiedung von Bitburg auf der Gangway der „Air Force One".

XIV. Journalisten und Media Worker

Dass sich in der Medienwelt im Laufe der Jahre einiges geändert hat, war gerade während der Wochen vor dem Staatsbesuch anhand der Berichterstattungen und journalistischen Methoden, an Informationen zu kommen, sehr deutlich geworden. Ryszard Kapuscinski, selbst ein erfahrener Reporter, schrieb in der „FAZ" vom 13. Februar 1999 unter anderem folgende Einsichten zum heutigen Journalismus nieder: „Der Wert einer Information bemisst sich nicht an ihrer Wahrheit, sondern an ihrer Attraktivität. Sie muss sich vor allem anderen gut verkaufen." Und weiter: „Seit man entdeckt hat, dass Information eine Ware ist, mit der sich Geld machen lässt, sind die traditionellen Kriterien ‚wahr' oder ‚verlogen' nicht mehr wichtig – die Information ist nun völlig abhängig von anderen Regeln: denen des Markts, des maximalen Profits und des Monopols. Diese Veränderung hat die einstigen heroischen Einzelkämpfer des Journalismus durch anonyme Massen von Medienangestellten ersetzt." In den USA ersetzt man den Begriff „Journalist" nicht ohne Grund zunehmend durch „Media Worker".

Wie bereits beschrieben, gab es besonders in der auflagenstarken amerikanischen Presse im Vorfeld des Staatsbesuches äußerst kritische und erboste Stimmen sowie vereinzelt auch wütende Attacken, die mir galten und mich – von Ausnahmen abgesehen – nicht sonderlich bekümmerten. Nach dem Besuch von Reagan und Kohl schrieben mir mehrere ranghohe Amerikaner, dass sie den unsanften Umgang einiger amerikanischer Journalisten mit mir sehr bedauern würden. Richtig registriert habe ich eigentlich nur das bereits erwähnte Interview und die Meinung des New Yorker Bürgermeisters Edward Koch. Weitere persönliche Attacken in den US-Medien habe ich nur flüchtig mitbekommen, oder man hat sie mir damals freundlicherweise vorenthalten. Nach dem Besuch wurde die Tonlage der amerikanischen Journalisten jedoch spürbar fairer und versöhnlicher. Die Berichterstattung in der deutschen Presse war zwar manchmal ebenfalls kritisch, aber im Großen und Ganzen sachlich, fair und in keiner Weise diffamierend. Dies ist sicher auch darauf zurückzuführen, dass alle namhaften Zeitungen und Magazine sowie die ARD und das ZDF – und dasselbe gilt auch für die namhaften amerikanischen Medien – gute Leute nach Bitburg geschickt hatten, die sich hier vor Ort ein eigenes Bild machen konnten und nicht auf Berichte aus zweiter Hand angewiesen waren.

Weniger angetan war ich von den Medienvertretern, die nur kurz im Rathaus oder der Stadt vorbeischauten, die forsch und wichtigtuerisch auftraten und denen es lediglich darauf ankam, eine „starke Story" mit nach Hause zu nehmen. Ihr

Gehetztsein stimmte mich immer auch etwas traurig, weil ich wusste, dass sie unter Druck standen und schneller und erfolgreicher als die Konkurrenz sein wollten und mussten. Da ich um dieses Problem wusste, fiel es mir schwer, ihnen meinen Respekt zu versagen.

In sehr engen Grenzen hielt sich mein Respekt dagegen vor Reportern, die grobschlächtig, lautsprecherisch und überheblich daherkamen und deshalb bei der Bitburger Bevölkerung bis heute in schlechter Erinnerung sind. Dann gab es auch noch (aber es handelte sich nur um Einzelfälle) deutsche Reporter, die das „Nazi-nest Bitburg" so verinnerlicht hatten, dass sie auch mich – den Bürgermeister dieser faschismusverdächtigen Stadt – glaubten unter Faschismusverdacht stellen zu müssen. Sie waren durchweg sehr schlecht informiert. Schon ihre oft mit schwer erträglicher Selbstgerechtigkeit vorgetragenen Eröffnungsfragen ähnelten eher einem Verhör als einem Gespräch. Dieser Umgangston war mir derart suspekt, dass es bei einem dieser „Gespräche" nicht lange dauerte, bis ich meinem Gegenüber deutlich zu verstehen gab, dass mir sein Umgangston nicht gefiele und ich damit nichts anzufangen wisse. Ich bestand darauf, dass es schon so etwas ähnliches wie ein Gespräch sein müsse, da ich sonst nicht länger für Fragen zur Verfügung stünde.

Weil ich zum Beispiel damit rechnen musste, im Verlaufe einer Pressekonferenz und vor laufender Kamera gefragt zu werden, ob ich als Kriegsteilnehmer nicht auch in der Waffen-SS gewesen wäre, hatte ich für diesen Fall folgende Antwort parat: „Ich könnte Ihnen eine zufriedenstellende Antwort geben; aber das werde ich nicht tun. Denn mir haben noch nie diejenigen imponiert, die sich – weil es gewünscht und opportun war – sofort und auf der Stelle von Geächteten distanziert und abgewendet haben." Natürlich hätte ich bei einer solchen Antwort mit unangenehmen Reaktionen rechnen müssen. Aber ich wollte in dieser Situation nicht einfach das sagen, was wohl jeder von mir erwartet hätte.

Ich habe während der aufregenden Wochen vor dem Staatsbesuch viele in- und ausländische Reporter, Journalisten und Korrespondenten kennen gelernt (zeitweise waren bis zu 300 – und am Besuchstag selbst mehr als 300 – von ihnen in Bitburg), die sehr viel Zeit aufwendeten, um möglichst viele Fakten, Informationen und Eindrücke zu sammeln und sie zu einem Gesamtbild zusammenzufügen. Auch waren sie darum bemüht, das, was weniger ins Auge fiel, sichtbar zu machen und das Versteckte aufzudecken. Wenn die Zeit es erlaubte, habe ich mich hin und wieder mit einigen von ihnen zurückgezogen, um das Tagesgeschehen und die Lage mit ihnen zu besprechen und zu kommentieren. Diese Art Journalismus und diese meinungsstarken Reporter und Journalisten haben mir – auch wenn ich zwangsläufig manchmal auf der anderen Seite stand – damals sehr imponiert.

XV. Die französische Garnison

Als der Bitburger Stadtrat mit anderen deutschen Offiziellen nach dem Abflug der Präsidentenmaschine noch eine Zeit lang zusammensaß, tauchte die Frage auf, wo denn heute die Bitburger Franzosen gewesen seien. Man hätte den Kommandeur der französischen Garnison, Colonel Jean Fréling, nicht unter den Ehrengästen gesehen.

Die kleine französische Garnison zählte nämlich ebenso wie der amerikanische Flugplatz bereits seit über drei Jahrzehnten zu den festen Einrichtungen in unserer Stadt. Bei Empfängen hochrangiger Gäste, an nationalen Feiertagen und bei sonstigen offiziellen Anlässen der Amerikaner und der Stadt Bitburg waren selbstverständlich auch die Franzosen, je nach Anlass, mit ihren Spitzenvertretern zugegen. Und umgekehrt waren die amerikanischen und deutschen Offiziellen, einschließlich der Vertreter der Bundeswehr, bei ähnlichen Anlässen Gäste in der französischen Kaserne, wobei alle die ausgezeichnete französische Küche und den französischen Rotwein besonders zu schätzen wussten. Auch die auf der nordrhein-westfälischen Burg Vogelsang bei Schleiden/Eifel stationierten belgischen Militärs waren hin und wieder in der deutsch-amerikanisch-französischen Runde mit dabei. Die Amerikaner waren diejenigen, die stets zuerst aufbrachen und nach Hause gingen. Am längsten hielten es die Europäer aus, die dann enger zusammenrückten und zunehmend Gemeinsamkeiten entdeckten – zum Beispiel die leidvollen Erfahrungen, die sie im Verlauf ihrer langen Geschichte machen mussten.

Wo also waren die französischen Ehrengäste bei dem Staatsbesuch? Ich kann mich nicht daran erinnern, dass vor dem Besuch von Präsident Reagan und Bundeskanzler Kohl in irgendeinem deutsch-amerikanischen Gremium über eine Einladung an die Spitzen der Bitburger Franzosen gesprochen worden wäre. Ganz abgesehen davon, dass die Einladung von Ehrengästen Sache des Protokolls war und wir im Übrigen vollauf mit unseren eigenen Problemen beschäftigt waren. Es steht jedoch fest, dass der Name des damaligen französischen Kommandeurs Jean Fréling vom zuständigen Sachbearbeiter unserer Stadtverwaltung in der Teilnehmerliste für die Gedenkfeier auf dem Soldatenfriedhof registriert wurde – allerdings ohne Vermerk über einen Berechtigungsschein oder sonstige Daten. Vermutlich war Colonel Fréling dann weder auf dem Friedhof noch auf dem Flugplatz dabei. Die Annahme liegt nahe, dass der Staatsbesuch des US-Präsidenten in Bitburg auch von den Franzosen als eine ausschließlich deutsch-amerikanische Angelegenheit betrachtet wurde. Als die Präsidentenkolonne auf der Rückfahrt vom Friedhof zum Flugplatz

Der französische General Houdet trägt sich auf dem Beda-Platz in das Goldene Buch der Stadt Bitburg ein – „assistiert" von Bürgermeister Theo Hallet.

an der Straßenfront der französischen Kaserne vorbeifuhr, war nicht zu übersehen, dass sich deren Beflaggung in Grenzen hielt.

Während meiner Amtszeit von 1978 bis 1987 habe ich sieben amerikanische Geschwaderkommodore und vier französische Regimentskommandeure kennen gelernt. Ich hatte also hinreichend Gelegenheit, Vergleiche zu ziehen, mir einen Einblick in die Mentalität der amerikanischen und französischen Militärs zu verschaffen und den Lebensstil ihrer Soldaten näher kennen zu lernen.

Für die Militärs der US-Air Force war die Kombination von Lässigkeit, Disziplin und Effizienz charakteristisch. Bei ihren Beförderungszeremoniellen war selbstverständlich auch die Ehefrau des zum Colonel / Oberst Beförderten mit dabei: Und von dieser gab es – sofort nach vollzogener Beförderung und nicht erst nach Beendigung des Zeremoniells – unter dem Beifall der Anwesenden ein Küsschen hier und ein Küsschen da. Oder ein anderes Beispiel: Vor dem Abflug zu einem mehrtägigen England-Besuch – zu dem die Amerikaner Abgeordnete, Landräte, Bürgermeister und einige andere Offizielle eingeladen hatten – hielt unser Gastgeber, General William J. Breckner jr., Befehlshaber der 7. Luftflotte (zu ihr gehören sämtliche US-Flugplätze in der Bundesrepublik) vom US-Luftwaffenstützpunkt und Hauptquartier in Ramstein/Pfalz, eine kurze Begrüßungsansprache. Er sagte unter anderem Folgendes: „Ich bin kein sonderlich intelligenter Mensch; aber ich habe alle amerikanischen Flugzeugtypen geflogen, die es zur Zeit gibt." Abgesehen von der Koketterie – das mit den Flugzeugtypen hielt ich für möglich. Wie sich später herausstellte, war unser Gastgeber auch ein unternehmungslustiger und sehr geselliger Mensch. Bei der US-Air Force gibt es allerdings auch ein Arran-

Ein herzliches Wiedersehen zwischen General William J. Breckner jr., Befehlshaber der 7. US-Luftflotte, und Bitburgs Bürgermeister Theo Hallet auf dem Flugplatz.

gement, das weniger lässig als vielmehr geradezu preußisch-akkurat anmutet: Es ist das beängstigend lautstarke und zackige Zeremoniell einer Kommandoübergabe. Ich habe mir indes sagen lassen, dass diese Form der Kommandoübergabe eine lange Tradition in der amerikanischen Armee hat.

Bei den Bitburger Franzosen war durchweg eine ausgeprägte Disziplin – gepaart mit einem unverkennbaren Stolz auf die glanzvolle Tradition ihrer Grande Armée – zu beobachten. So begannen die an nationalen Feiertagen und vor dem angetretenen Regiment gehaltenen Ansprachen des Kommandeurs zumeist mit einem Verweis auf Frankreichs größten Nationalhelden: „Napoleon, l`Empereur des Français, der dieses Regiment im Jahr X gegründet hat, …". Abgemildert wurde das streng Militärische durch elegante und spielerische Darstellungsformen. So zum Beispiel durch die flott-beschwingte Militärmusik und durch die schicken Paradeuniformen mit weißen Halstüchern und weißen Gamaschen, die bei besonderen Anlässen getragen wurden. Eine andere nicht untypische Begebenheit, die sich in der Bar des Kasinos zutrug, illustriert sehr gut die ausgesuchte Höflichkeit der Franzosen: Bei einem Drink eröffnete ein französischer General, der die Bitburger Garnison besuchte, unser Gespräch mit folgendem Kompliment: „Bitburg ist eine der schönsten Städte in Rheinland-Pfalz." Worauf ich antwortete: „Merci beaucoup, mon Général, ich kenne einige Städte in Rheinland-Palz, die noch schöner sind als Bitburg."

Die amerikanischen Luftwaffensoldaten waren zwar finanziell bedeutend besser gestellt als ihre französischen Kameraden, die sich längst nicht so viel leisten konnten wie die Angehörigen der Air Force. Doch dem Ansehen und der Beliebtheit der französischen Garnison hier in Bitburg tat dies keinerlei Abbruch.

Zum Abschied der französischen Truppen von Bitburg erhielt jeder Soldat einen Bierkrug mit Stadtwappen und Widmung. Im Hintergrund eine Abordnung der Bundeswehr aus Hermeskeil/Hunsrück.

Bereits seit einiger Zeit war die Stadt Bitburg darüber informiert, dass das hier stationierte 512. Régiment du Train (Transportregiment) aufgelöst und Bitburg am 30. Juni 1985 verlassen würde. Ein bedeutsamer Tag im Hinblick darauf, dass die französische Garnison – wie eingangs bereits erwähnt – zu den festen Einrichtungen unserer Stadt gehörte. Aus diesem Grunde wollte sich das Regiment am 13. Juni mit einer festlichen Parade auf dem großen, zentral gelegenen Beda-Platz von der Bevölkerung Bitburgs verabschieden. Die Bedeutung dieses Tages wurde unterstrichen durch die Anwesenheit des Oberbefehlshabers der französischen Streitkräfte in der Bundesrepublik, General Houdet aus Baden-Baden, der sich bei dieser Gelegenheit in das Goldene Buch unserer Stadt eintrug. Zur Erinnerung an den Tag des Abschieds wurde jedem Soldaten des Regiments ein Bierkrug mit Widmung überreicht. Zwei Wochen später übergab mir der Bitburger Regimentskommandeur, Colonel Jean Fréling, im Waisenhauspark in Anwesenheit der Offiziere und Unteroffiziere der französischen Garnison sowie unseres Stadtrates zur Erinnerung an die Bitburger Zeit einen keltischen Stein aus der Normandie. Fréling dankte für die Gastfreundschaft, die die Franzosen in den vergangenen Jahrzehnten in Bitburg erlebt hatten. Zur Erinnerung an die französische Garnison Bitburgs steht der keltische Menhir, versehen mit einer Bronzetafel und einer Widmung, heute an exponierter Stelle in der viel besuchten Parkanlage.

Außer den französischen Kompanien war zur Verabschiedung des Regiments auch eine Abordnung der Bundeswehr aus Hermeskeil/Hunsrück zur Parade auf dem Beda-Platz angetreten. Da unter den zahlreichen Ehrengästen keine Amerikaner vom Flugplatz zu entdecken waren, handelte es sich diesmal augenscheinlich um eine ausschließlich deutsch-französische Angelegenheit.

XVI. Interessante Post

Im Gefolge des Besuches erreichte das Rathaus interessante Post aus der Bundesrepublik, aus den USA und von anderswo. Die Briefe, die sich mit dem Präsidentenbesuch auf dem Soldatenfriedhof Kolmeshöhe befassten, kamen indes fast ausschließlich aus Deutschland und den USA. Aus anderen Ländern traf nur eine kleine Anzahl von Zuschriften im Rathaus ein. Die weitaus meisten Verfasser von Briefen und Telegrammen aus den USA äußerten sich zustimmend zum Friedhofsbesuch Ronald Reagans, wobei in den Texten der Versöhnungsgedanke und die freundschaftlichen Beziehungen zu „West Germany" eine große Rolle spielten. Die ablehnenden Zuschriften aus den USA waren durchweg sehr kritisch, manche auch sehr aggressiv und in der Wortwahl überaus rüde.

Auch bei den deutschen Briefen waren die Befürworter des Besuches eindeutig in der Mehrzahl. Die Verfasser dieser Zuschriften würdigten insbesondere, dass sich der US-Präsident trotz aller Kritik und Proteste nicht vom Besuch auf der Kolmeshöhe habe abhalten lassen. Der Versöhnungsgedanke indes rückte bei den deutschen Befürwortern des Besuches eher in den Hintergrund. Bei den Verfassern einiger ablehnender Zuschriften aus der Bundesrepublik waren hauptsächlich die 49 Gräber von Angehörigen der Waffen-SS der Stein des Anstoßes.

Immerhin einen Aktenordner füllten auch die Briefe, die nicht beantwortet werden konnten, weil die Verfasser ihre Anschriften nicht angegeben hatten und anonym bleiben wollten. Andere Schreiben wurden aufgrund ihres geschmacklosen bis obszönen Inhalts absichtlich nicht beantwortet.

Der Inhalt der hier ausgewählten Briefe ist durchaus charakteristisch für die Meinungen, die vor 20 Jahren in hunderten von Zuschriften zum Ausdruck gebracht wurden. Sowohl vor als auch noch lange Zeit nach dem Präsidentenbesuch trafen solche Briefe im Bitburger Rathaus ein, von denen nachfolgend ein kleiner Querschnitt gegeben wird.

4. Januar 1987

Telegramm aus Washington D.C.

An den Kommandeur des 36. Taktischen Jagdgeschwaders

1. Bitte geben Sie den Wortlaut des Paragraphen 2 dieses Telegramms am Buegermeister Theo Hallet weiter. Herr Hallet ist der amerikanischen Gemeinschaft in der Eifel immer ein aufrichtiger Freund gewesen. Generalmajor a. D. Perry Smith und ich wuerden uns freuen, wenn Sie unsere Dankesworte an einen Gentleman, der uns unserere Arbeit als ehemalige Geschwaderkommandeure sehr erleichtert hat, wiedergeben wuerden.

2. Generalmajor a. D. Perry M. Smith und ich moechten uns den vielen Tausenden anschliessen, die Ihnen fuer Ihre Arbeit fuer die Stadt Bitburg und besonders dafuer danken, dass die vielen Amerikaner, die sich waehrend Ihrer Dienstzeit bei Ihnen wie zu Hause gefuehlt haben, voller Freude sagen konnten: "Wir sind Bitburger und die Eifel ist unsere Heimat". Die Maenner und Frauen, die auf dem Flugplatz Bitburg und Umgebung gewohnt und gearbeitet haben, haben das Glueck gehabt in einer besonders warmen Atmosphaere zu leben, weil die leitenden Herren der Eifelgemeinden menschliches Verstaendnis fuer Sie gehabt haben. Sie Herr Hallet, sind eine dieser Persoenlichkeiten, die Bruecken der Freundschaft zwischen der deutschen und der amerikanischen Bevoelkerung gebaut haben. General Smith und ich, als ehemalige Kommandeure des Bitburger Geschwaders, moechten zu denen gehoeren, die Ihnen durch ein warmes und herzliches "Danke Schoen" heute ihre Anerkennung ausdruecken.

gez. Brigadegeneral Richard L. Craft

„Liebe Einwohner von Bitburg! Wir sahen die Gräber, alle Gräber, auf dem Soldatenfriedhof mit Blumen geschmückt. Wenn es überhaupt einen Trost gibt, dann den, daß diese Toten – Söhne, Männer, Väter, Brüder, Freunde, Kameraden – bei Ihnen in guter Obhut ruhen, und nicht vergessen werden. Ich danke Ihnen dafür, Eine Mutter"

6/5/85

keine Adresse

Sehr geehrter Herr Oberbürgermeister !

In dem unwürdigen,fast masochistischen Spiel,dem man sich
in den vergangenen Wochen in Deutschland hingegeben hat,sind
Sie einer der wenigen Politiker gewesen,die sich gegen die
undifferenzierte Verfemung gewendet haben,die die Soldaten
trifft,welche im deutschen Heer gedient haben während des 2.
Weltkrieges.
  Ich möchte Ihnen dafür danken.Schreiber dieser Zeilen ist
Elsässer,seine Vorfahren waren es und er wohnt auch jetzt noch
im Elsass.Ohne im geringsten freiwillig zu sein,habe ich in
der Waffen-SS gedient.Ich habe manchen Kameraden,der freiwillig
oder nicht,sein Leben in gutem Glauben dahingegeben hat oder
kriegsversehrt zurückgekehrt ist.
  Ich bitte um Ihr Verständnis,dass ich Ihnen diesen
Brief anonym zukommen lasse.

An den Herrn Oberbürgermeister-**Persönlich**

      der Stadt

            D 552 B I T B U R G / Eifel

10469 Wilkins Avenue
Los Angeles, CA 90024

23. April, 1985

Bürgermeister Theo Hallet
Bitburg
WEST GERMANY

Sehr geehrter Herr Bürgermeister:

Wir lasen in unserer Zeitung hier in Kalifornien, dass Sie es sehr schwer finden die Wut und den Aerger der Amerikaner zu verstehen, die mit dem Besuch unseres Presidenten in Bitburg verbunden ist. Gerne bin ich bereit Ihnen dabei behilflich zu sein. Der President von den 50 Staaten Amerika's, der höchste erwählte Abgesandte, den wir Ihnen überhaupt schicken können, soll einen Kranz in einem Friedhof niederlegen in dem 47 Mitglieder der SS begraben sind.

Vielleicht sind Sie noch zu jung um sich an die Verbrechen der SS zu erinnern oder vielleicht sind Sie so alt, dass Sie sich an die Taten der SS nicht erinner wollen. Auf alle Fälle hier in Amerika erinnern wir uns noch sehr gut an das Morden der SS das Millionen von Menschen das Leben gekostet hat. Namen wie Auschwitz, Treblinka, Dachau, Belsen, Mauthausen und viele andere waren das Werk der SS. Das Morden von Millionen Menschen einschliesslich von Frauen und kleinen Kindern war systematisch geplant. Spezielle Krematoriums Oefen wurden gebaut und die Skelette der tausenden Menschen wurden dort verbrannt, nachdem man ihnen noch vorher das Gold aus den Zähnen gebrochen hat um den verlorenen Krieg zu bezahlen. Ja, wir wissen Sie hören es nicht gern, aber die Wahrheit ist dass solche Verbrechen das Werk der SS waren.

Wie können wir es verstehen, dass die Angehörigen der 47 SS Leute es notwendig fanden es klar und deutlich auf den Grabstein zu schreiben, dass die Gefallenen zu dieser SS Truppe gehoerten?

Waren sie stolz darauf dass Ihre Angehörigen an diesen Verbrechen teil genommen haben oder wäre es nicht genug gewesen wenn man auf den Grabstein geschrieben hätte: "Hier ruht Hans Schmidt, der in 1944 in Bitburg im Alter von 25 Jahren gefallen ist."

Man sagt uns dass die Leute in Bitburg sagen: "Lasst die Toten in Ruhe". Wir sind der Meinung dass die Verbrechen der SS so enorm waren, dass sie in 1000 Jahren noch in Geschichtsbüchern der freien Welt stehen werden.

Wie verstehen wir es, dass die 500 Ueberlebenden Veteranen der Leibstandarte Adolf Hitler einschliesslich Truppen aus den verschiedenen Konzentrations Lägern gerade jetzt ein Wiedersehen in der Stadt Nesselwang in Süd Bayern feiern werden. Sollte man den Bürgermeister dieser Stadt gratulieren diese Verbrecher zu Gaste zu haben?

Wie Sie sehen Herr Bürgermeister, auch wir finden es sehr schwer die Deutschen zu verstehen und wir zweifeln sehr, dass man bei Ihnen weiss wie viel Schande und Abscheu gerade diese SS Truppe auf Deutschland gebracht hat.

Mit freundlichen Grüssen,

JOSEPH BASCH

<u>An alle Parteien im deutschen Bundestag.</u>

CDU
F.D.P.
SPD
die grünen

Am 8. Mai feiert die Welt den Tag der Befreiung von der Nazi-Herrschaft.
Ausgerechnet an diesem Tage will der Amerikanische Präsident
mit dem Herrn Bundeskanzler die Gräber der faschistischen
Soldateska besuchen.
Unfassbar für die,die gegen die Nazis gekämpft haben.
Diese Nazi-Soldaten,die ganz Europa in Schutt und Asche gelegt haben,
die raubend und plündernd durch die Länder zogen,die Frauen und
Kinder schändeten,die unvorstellbares Leid unter die Menschheit brachte,
diese Toten sind gemeine Verbrecher !
Gräber von Verbrecher pflegt man nicht.!
Gräber von Verbrechern besucht man nicht.!
Gräber von Verbrechern macht man dem Erdboden gleich !

<u>Daher die Forderung aller Antifaschisten:</u>

sofort alle Gräber der toten Faschisten einebgen.
Verbot des Bundes deutscher Kriegsgräberfürsorge.
Alle deutschen Kriegerdenkmale zu demontieren.

Der Amerikanische Präsident und der Herr Bundeskanzler mögen
daher besuchen:die Gräber der ge...
Verbündete.
Die Gedenkstätten für die jüdischen Opfer und die Gedenkstätte
der 20 Millionen Rotarmisten die für unsere Freiheit starben.

         Eine Gruppe der Antifa.

Karl Overbeck
Volksgartenstraße 216
4050 Mönchengladbach
Tel.: 02161/48 06 34

am 10. Mai 1985

Sehr geehrter Herr Bürgermeister,

es ist mir ein Bedürfnis, Ihnen und den Bürgern Ihrer Stadt meinen aufrichtigen Dank zu sagen für die würdevolle Haltung, mit der Sie die Bürde der letzten Tage getragen haben. Gleichzeitig darf ich mich zum Sprecher eines großen Freundes- und Bekanntenkreises machen, die von denselben Empfindungen bewegt werden. Mit dem Ausdruck vorzüglicher Hochachtung

(Karl Overbeck)   Oberstudiendirektor

Dr. Renate Baerensprung					Königstrasse 24
							5300 Bonn 1

							7. Mai 1985

Herrn
Bürgermeister Theo Hallet
5520 Bitburg

Sehr geehrter Herr Bürgermeister,

ich freue mich, dass es Ihnen gelungen ist, für Ihre Stadt und für das demokratische Deutschland zu werben.

						Mit vorzüglicher Hochachtung

						(Dr. Renate Baerensprung)

P.S. Meine Familie ist 1933 emigriert und wurde 1942 aus politischen Gründen ausgebürgert.

MARY and RALPH GUT
7700 KENCOT COURT • RALEIGH, NORTH CAROLINA 27609

28. April, 1985

Bürgermeister Theo Hallet
Bitburg
Deutschland

Sehr geehrter Herr Bürgermeister!

Viele Leute, ich selber eingeschlossen, glaubten, oder hofften, dass es heute wirklich "ein neues Deutschland" gibt. Was wir aber sehen, ist, dass es kein neues Deutschland gibt. Es ist alles beim alten. Hartnäckigkeit überwiegt alles. Was sieht die Welt? Der Deutsche ist unnachgiebig, macht zwischen Soldaten und Mördern keine Unterschiede, und wenn auch so viele Leute sich über den Besuch Reagans in Bitburg an der Grabstelle 49 SS empören, das stört den Herrn Kohl kaum.

Es geht doch nicht darum der Welt zu beweisen, dass man in Deutschland zu seinem Wort steht und durchführt, was geplant ist "no matter what".

Es wäre an der Zeit, dass man beweist, dass man auch in Deutschland menschlich ist, dass man nicht nur hartnäckig ist, dass man Verständnis hat, und dass man Fehler korrigiert, bevor sie ausgeführt sind.

Ich bin zu tiefst erschüttert über die "Einladung" zu einem derartigen Friedhof. Ich hoffe aus tiefster Seele, dass Sie die Pläne ändern werden.

Noch ist es Zeit.

Mary Gut

Dr. Hans-Otto Aldus 5357 Swisttal-2, den 19. April 1985

An den
Bürgermeister der Stadt Bitburg
Herrn Theo Hallet

5520 Bitburg

Sehr geehrter Herr Bürgermeister !

Ich danke Ihnen, daß Sie sich in Ihrem Brief an den US-Botschafter in Bonn (Generalanzeiger v. 19.04.85) schützend vor die Gefallenen auf dem Bitburger Friedhof gestellt haben.

Meiner Meinung nach hätte der Brief auch an die politischen Parteien in Deutschland gerichtet sein können, die sich an dem unwürdigen Gezeter um die toten Soldaten, die sich selbst nicht mehr wehren können, beteiligt haben oder nicht einmütig dagegen Stellung bezogen.

Bitte lassen Sie an einem Grabe Ihrer Wahl, gleich ob bekannter Soldat oder namenloser, gleich welcher Waffengattung, auch SS, einen Blumenstrauß niederlegen.

Mit Dank und freundlichem Gruß

Anlage

> APRIL 28, 198
>
> DEAR MAYOR HALLET,
>
> MAY THE DEAD PIGS OF THE SS BURN IN HELL FOREVER. SPIT ON THEIR GRAVES.
>
> SINCERELY,
> JOHN T. CURRA.
>
> I AM AMERICAN BORN, OF IRISH-GERMAN DESCENT. CATHOLIC. UNFORTUNATELY, I WAS NOT OLD ENOUGH TO HELP KILL THOSE GUY IN WORLD WAR II.

„Sehr geehrter Bürgermeister Hallet, mögen die toten Schweine der SS für immer in der Hölle schmoren. Ich spucke auf ihre Gräber. Gruß, John T. Curra. Ich bin geborener Amerikaner, von irisch-deutscher Abstammung, katholisch. Leider war ich nicht alt genug, um diese Typen im Zweiten Weltkrieg mit umzubringen."

Telegramm der Zeitschrift AXIOS vom 20. April 1985: „*Die orthodoxe Zeitschrift AXIOS schämt sich derer, die gegen die Kranzniederlegung Reagans sind. Wir legen unseren eigenen Kranz in Freundschaft nieder. Pfarrer Daniel J. Gorham, Fullerton / Californien, USA*"

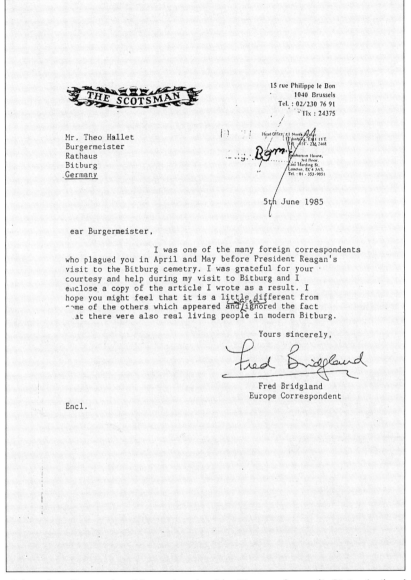

„Sehr geehrter Bürgermeister, Ich war einer der vielen Korrespondenten, die Sie im April und Mai, vor Präsident Reagans Besuch, heimgesucht haben. Ich war dankbar für Ihre Zuvorkommenheit und Hilfe während meines Besuches in Bitburg, und ich füge eine Kopie des Artikels bei, den ich als Ergebnis meines Aufenthaltes in Bitburg geschrieben habe. Ich hoffe, dass Sie den Unterschied zu den Berichten erkennen können, die die Tatsache ignorierten, dass in Bitburg Menschen leben, die mit der Zeit gehen. Mit freundlichen Grüßen, Fred Bridgland, Europa-Korrespondent"

28, Sayer Way,
Knebworth,
Herts., SG3 6EN.

1st May, 1985.

England

The Bürgermeister,
Herr Theo Hallet,
Bitburg,
Nor. Cologne,
Germany.

Dear Bürgermeister,

I left my beloved county in the 1930's with my brother and english widowed mother who with her undoubted prescience and premonition felt that the NSDAP would lead Germany to war and disaster.

In the furore which has arisen over the visit to Bitburg War Cemetery by President Reagan, I wish to express my admiration of the young SS men – often conscripts – who fought and died so gallantly and valiantly in defence of their beloved fatherland.

The vociferous parrot like lobbies in America and other countries do not seem to realise that these young men were idealists and were prepared to pay the ultimate sacrifice in defence of their country against overwhelming odds and extremely ruthless enemies both in the east and the west.

I served in the RAF from 1940-47 and qualified as a navigator after serving as a humble fitter. The British and Americans are apt to judge other races by other standards than their own; one has only to think of the atrocities committed by the RAF and the American US 8th Air Force in their indiscriminate bombing campaigns which killed thousands of innocent women and children in Hamburg, Darmstadt, Dresden and other European cities, as well as destroying, as in the case of Dresden, centuries of human art and culture.

I am quite prepared for you to give this letter the utmost publicity and show it to any American or British journalist and would consider it an honour to accept any spurious obloquy from these self-righteous sources, who in many cases have never heard a shot fired in anger.

Yours sincerely,

(Dennis Bols)

P.S. I spent many happy days in the Siebengebrige at a place called Ittenbach.

An den Bürgermeister   28, Sayer Way*
Herrn Theo Hallet   Knebworth*
Bitburg   Herts., SG3 6BN*
Nördl. Köln
Deutschland   1. Mai 1985*

Sehr geehrter Bürgermeister,

in den 30er-Jahren habe ich – zusammen mit meinem Bruder und mit meiner aus ihrer Ehe mit einem Engländer verwitweten Mutter – mein geliebtes Deutschland verlassen. Sie hatte mit ihrer untrüglichen Vorahnung kommen sehen, dass die NSDAP Deutschland in den Krieg und ins Verderben führen würde.

Ich möchte mich inmitten des ganzen Aufruhrs zu Wort melden, den der Besuch von Präsident Reagan auf dem Bitburger Soldatenfriedhof ausgelöst hat und meine Bewunderung für die oft zwangsverpflichteten jungen SS-Männer zum Ausdruck bringen, die ihr geliebtes Vaterland verteidigten und dabei so tapfer und mutig kämpften und starben.

Die lautstarken Interessengruppen in Amerika und anderen Ländern mit ihren ewig gleichen Äußerungen scheinen nicht wahrhaben zu wollen, dass diese jungen Männer Idealisten waren mit der Bereitschaft, das äußerste Opfer für die Verteidigung ihres Landes zu bringen – und das ohne nennenswerte Aussicht auf Erfolg und angesichts außerordentlich unbarmherziger Feinde sowohl im Osten als auch im Westen.

Von 1940-47 diente ich in der Royal Air Force und qualifizierte mich zum Navigationsoffizier, nachdem ich als einfacher Mechaniker gedient hatte. Die Briten und Amerikaner neigen dazu, fremde Völker nach anderen Standards zu beurteilen als sich selbst. Man braucht nur an die Abscheulichkeiten zu denken, die von der Royal Air Force und der US-amerikanischen 8. Luftwaffe durch ihre willkürlichen Bombardements begangen wurden und tausende unschuldiger Frauen und Kinder in Hamburg, Darmstadt, Dresden und anderen europäischen Städten das Leben kosteten und gleichzeitig – wie im Fall von Dresden – Jahrhunderte an Kunst und Kultur zerstörten.

Sie können diesen Brief mit meinem Einverständnis gerne so publik wie möglich machen und ihn jedem amerikanischen und britischen Journalisten zeigen. Ich würde es als eine Ehre betrachten, von diesen selbstgerechten Quellen als Ziel ihrer Verleumdungen ausgewählt zu werden. In den meisten Fällen wissen diese Leute nicht, wovon sie reden, da sie selbst nie einen Schuss gehört haben.

Mit freundlichen Grüßen,
Dennis Bols

P.S. Ich habe viele glückliche Tage im Siebengebirge in einem Ort namens Ittenbach verbracht.

THE PRINCETON CLUB OF NEW YORK

28 April 1985

Dear Mayor Hallet...

I understabd your sensitivity about the past. If I had to live with the massacre of the Second SS Panzer Division, known as "Das Reich" at Oradour-sur-Glane and the refusal of the West German government to extradite General Lammderding, I also would be sensitive.

I understand you have a telegram from someone in the United States saying, "I am with you." Well, sir, millions of others are not. We have our fascists and anti semites here but not in the number that I still find in Germany on my visits there. I respect the young Germans but how do I reconcile with those who stood by the Nazi murderers.

How do you erase such dishonor. You speak of reconciliation. But are you reconciled to what the Nazis did. You show a lacking sense of the suffering in the Holocaust but millions of us will always remember.

For shame, dear sir..for shame.

The Princeton Club of New York
28. April 1985

Sehr geehrter Bürgermeister Hallet,

ich verstehe Ihre Empfindlichkeiten in Bezug auf die Vergangenheit. Wenn ich mit dem Massaker der 2. SS Panzerdivision leben müsste, die in Oradour-sur-Glane auch als „Das Reich" bekannt ist, und damit, dass die westdeutsche Regierung es ablehnte, General Lammerding auszuliefern, dann wäre ich auch empfindlich.

Wie ich höre, haben Sie ein Telegramm von jemandem aus den Vereinigten Staaten erhalten, in dem es heißt: „Wir stehen zu Ihnen." Nun, verehrter Herr Hallet, für Millionen andere trifft dies nicht zu. Wir haben hier bei uns auch Faschisten und Antisemiten, aber nicht in der Größenordnung, wie ich sie bei meinen Besuchen in Deutschland antreffe. Ich respektiere die jungen Deutschen, aber wie kann ich mich mit denen versöhnen, die an der Seite der Nazimörder standen.

Wie können Sie diese Schande auslöschen? Sie sprechen von Aussöhnung. Aber sind Sie denn versöhnt mit dem was die Nazis taten? Ihnen fehlt das Gefühl für die Leiden des Holocaust. Doch Millionen von uns werden sich immer daran erinnern.

Es ist eine Schande, eine wirkliche Schande ...

42 Audubon St.
Rochester, N.Y. 14610
U.S.A.
April 28, 1985

Theo Hallet
Mayor
Bitburg, Germany

Dear Honorable Mayor:

                Open letter to Germans:

    It is indeed a shame that even a single German is offended by our outcry over President Reagan's planned visit to the military cemetery at Bitburg. We here have not allowed this unique event to obscure our post-war friendship.

    We are adamant that President Reagan – in our stead – must not honor even the memory of a single SS, our enemy. The similarity of the SS with the despised Klu Klux Klan here is undeniable. No American President would give the KKK any positive recognition, no memorials. To memorialize an SS grave is to glorify it. We are telling President Reagan that his decision is unacceptable. He must recant it, for an enemy is an enemy, Alive or Dead!

    It is absurd to think we hold the sons guilty for the sins of their fathers; we simply hold only those guilty who are guilty, Living or Dead. That is <u>our cultural principle.</u> We realize that the SS did not represent the whole of German citizens. I can only speculate German response if Chancellor Kohl were to lay a memorial wreath at the gravesite of some loathsome foreign enemy from German history.

    The pre-war and post-war years are as different as any can be in history. We must simply accept their realities as opportunities to learn great life shapeing lessons. Surely no one in Germany believes that this one period in their history discredits all of their accomplishments before or since. No one here does.

    My regards to you, Herr Burgermeister, and your good German people.

                                              Sincerely

                                            Chester Bradley Bliss

April 28, 1985

Theo Hallet   *Rochester, N.Y. 14610*
Bürgermeister   *U.S.A.*
Bitburg, Deutschland

Sehr verehrter Herr Bürgermeister,

Offener Brief an die Deutschen

wenn sich tatsächlich ein Deutscher durch unseren Protest gegen Präsident Reagans geplanten Besuch auf dem Militärfriedhof in Bitburg verletzt fühlt, so ist das sehr verwerflich. Wir haben nicht zugelassen, dass dieses Ausnahmeereignis unsere Nachkriegsfreundschaft beeinträchtigt.

    Wir sind dagegen, dass Präsident Reagan - stellvertretend für uns - auch nur eines einzigen SS-Mannes, also Feindes, gedenkt. Die Ähnlichkeit der SS mit dem verachteten Ku Klux Klan ist nicht zu leugnen. Kein amerikanischer Präsident würde dem Ku Klux Klan eine wie auch immer geartete Anerkennung oder eine Gedenkstätte zugestehen. Wenn ein Gedenken an einem SS-Grab stattfindet, so bedeutet dies Verherrlichung. Wir lassen Präsident Reagan wissen, dass seine Entscheidung nicht akzeptabel ist. Er muss davon zurücktreten, denn ein Feind ist ein Feind, tot oder lebendig.

    Es ist abwegig anzunehmen, dass wir den Söhnen Schuld geben an den Sünden ihrer Väter. Wir halten ganz einfach genau die für schuldig, die Schuld haben, ob sie nun tot oder lebendig sind. Das ist unser kulturelles Prinzip. Wir sehen die SS nicht als stellvertretend für das ganze deutsche Volk an. Ich kann nur über die Reaktion der Deutschen spekulieren, wenn Bundeskanzler Kohl zum Gedenken einen Kranz an der Grabstätte eines verhassten fremden Feindes aus der deutschen Geschichte niederlegen würde.

    Die Zeit vor dem Krieg unterscheidet sich gravierend von der Zeit nach dem Krieg. Wir müssen ganz einfach die Geschehnisse dieser Jahre als Gelegenheit ansehen, wichtige Lektionen für das Leben zu lernen. Sicher glaubt niemand in Deutschland, dass dieser eine Zeitabschnitt ihrer Geschichte die vorherigen oder nachfolgenden Leistungen in Misskredit bringt. Auch bei uns glaubt das niemand.

Viele Grüße an Sie Herr Bürgermeister und an das deutsche Volk.

Mit freundlichen Grüßen,
Chester Bradley Bliss

Los Angeles Times
BONN BUREAU

TYLER MARSHALL
BUREAU CHIEF

Bonn, den 17.5.1985

Herrn Theo Hallet,
Bürgermeister
Rathaus
5220 Bitburg

Sehr geehrter Herr Hallet:

    Als eines der Mitglieder der Weltpresse, welches Ihr Büro während der Kontroverse der vergangenen Wochen mit bevölkerte, möchte ich Ihnen und Ihrer Sekretärin, Frau Mathey, für Ihre Offenheit und Geduld danken, die Sie in der Zeit intensivsten Drucks bewahrt haben. Während der ganzen Zeit haben Sie Ihre Stadt mit Würde und Stärke representiert, welche ich persönlich nicht so schnell vergessen werde. Dies ist einer der Eindrücke, die ich mitnehmen werde, wenn ich Deutschland nächsten Monat verlassen werde.

                                          Mit freundlichen Grüssen

German Radio & Television
WASHINGTON BUREAU

8. Mai 1985

Herrn
Buergermeister
Theo Hallet
Rathaus

Bitburg

Sehr geehrter Herr Buergermeister Hallet,

Sie waren in den letzten Wochen oft Gast bei mir zu Hause - via amerikanisches Fernsehen. Es wurde ueber Sie nur positiv, ja lobend berichtet. Waehrend der live-Uebertragung am Sonntag nannte Sie der ABC-Kommentar "embodiment of American-German friendship". Allerdings charakterisierte er Ihre Stimmung auch als bitter, aber nicht abwertend, sondern verstaendnisvoll. Aehnlich war der Ton in den Zeitungen. Ueber Bitburg wurde viel geschrieben - und immer mit dem Tenor, diese Stadt symbolisiere die amerikanisch-deutsche Freundschaft.

In einer deutschen Zeitung las ich, Ihre Stadt gelte in den USA als "Nazinest". Das stimmt nach meinen Beobachtungen ueberhaupt nicht. Als das genaue Gegenteil wurde Bitburg vorgestellt.

Ich schreibe Ihnen das, weil Sie darueber informiert sein sollten.

Mit freundlichen Gruessen

(Dr. Hans W. Vahlefeld)

3132 M Street, N.W., Washington, D.C. 20007 ■ Telephone: 298-6535 ■ Cable Address: Telegerman ■ Telex No. 248445 NWR UR ■ NWR 64214

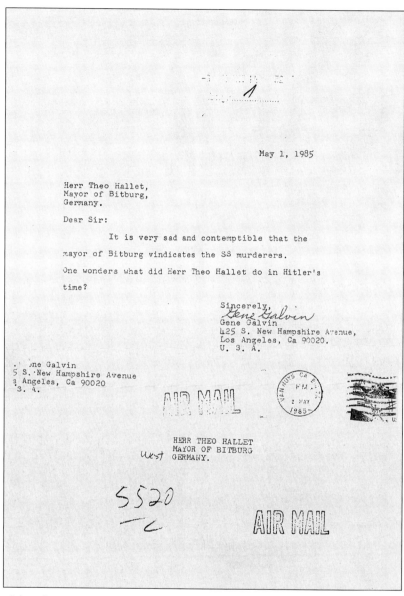

„Sehr geehrter Herr, es ist sehr traurig und verachtenswert, dass der Bürgermeister von Bitburg die SS-Mörder in Schutz nimmt. Man fragt sich, was Herr Theo Hallet in der Hitlerzeit gemacht hat? Aufrichtig, Gene Calvin."

XVII. Dokumente

Bei den nachfolgenden Schreiben handelt sich um Briefe von prominenten Politikern und Persönlichkeiten, die den amerikanischen Präsidenten beim Staatsbesuch in Bitburg begleiteten oder mit denen ich schon vorher in Verbindung stand.

Der „Jefferson Cup" – ein Geschenk Präsident Reagans an den „ehrenwerten Theodor Hallet, Bürgermeister der Stadt Bitburg" anlässlich seines Besuches in Bitburg. Die originalen Becher (deren Replika exklusive Geschenke des Präsidenten sind) waren vor, während und nach der Präsidentschaft Thomas Jeffersons (1743-1826, dritter Präsident der USA und Verfasser der Unabhängigkeitserklärung) in Gebrauch.

Stadtverwaltung
Bitburg
-8. MAI 1985
Abtlg.: 1

BUNDESREPUBLIK DEUTSCHLAND
DER BUNDESKANZLER

Bonn, den 7. Mai 1985

An den
Bürgermeister der
Stadt Bitburg
Herrn Theo Hallet
Rathaus

5520 Bitburg

Sehr geehrter Herr Bürgermeister,
lieber Herr Hallet,

es ist mir ein besonderes Anliegen, Ihnen persönlich ganz herzlich für den Empfang zu danken, den Sie und die Bürger der Stadt Bitburg dem Präsidenten der Vereinigten Staaten von Amerika und Frau Reagan sowie auch meiner Frau und mir und den Mitgliedern der beiden Delegationen bereitet haben. Bitburg war eine entscheidende Station auf dieser Reise, und ich bin überzeugt, daß die Botschaft der Versöhnung und der Freundschaft, die von Ihrer Stadt in die Welt ging, gehört worden ist und verstanden werden wird.

Ich bin mir bewußt, daß die zum Teil bösen Kommentare, die insbesondere der Besuch auf dem Ehrenfriedhof Kolmeshöhe in Bitburg in den Medien ausgelöst hat, die Bevölkerung Ihrer Stadt und auch Sie selbst schmerzlich berührt und getroffen haben. Die negativen Schlagzeilen waren um so bedrückender als gerade die Menschen in Ihrer Stadt in über 30 Jahren ein besonders enges und freundschaftliches Verhältnis zu den dort stationierten amerikanischen Soldaten und ihren Familien aufgebaut hatten.

- 2 -

Wie ich Sie kenne, werden Sie sich durch die Kampagne der letzten Woche in dieser Aufgabe nicht beirren lassen.

Lassen Sie mich zum Schluß noch den vorzüglichen organisatorischen Beitrag, den Sie und Ihre Mitarbeiter zum Gelingen des Besuches geleistet haben, erwähnen und Ihnen auch dafür danken, daß Sie dem Ansturm der letzten Woche mit so viel Besonnenheit und Umsicht begegnet sind. Die Bürger von Bitburg können stolz auf ihren Bürgermeister sein.

Mit freundlichen Grüßen

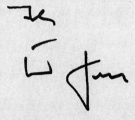

Brief von Bundeskanzler Helmut Kohl vom 7. Mai 1985.

THE WHITE HOUSE
WASHINGTON

June 17, 1985

Dear Mayor Hallet:

Nancy and I shall always remember our rewarding stay in the Federal Republic of Germany, and especially our visit to Bitburg. Please know that we truly appreciate your gracious hospitality.

Nancy and I thank you very much for the commemorative beer stein and the facsimile of an original Roman coin found in Bitburg. These thoughtful gifts will serve as special remembrances of the friendship we share with the people of your community.

With our best wishes to you all,

Sincerely,

Ronald Reagan

The Honorable Theo Hallet
Mayor of Bitburg
Federal Republic of Germany

„Sehr geehrter Bürgermeister Hallet: Nancy und ich werden uns immer an unseren lohnenden Aufenthalt in der Bundesrepublik Deutschland erinnern, besonders aber an unseren Besuch in Bitburg. Sie sollen wissen, dass wir Ihre großzügige Gastfreundschaft aufrichtig schätzen. Nancy und ich danken Ihnen sehr für den Gedenkbierkrug und das Replikat einer in Bitburg gefundenen römischen Münze. Diese aufmerksamen Geschenke werden uns immer an die Freundschaft erinnern, die wir mit den Bürgern Ihrer Gemeinde teilen. Mit unseren besten Wünschen für Sie alle, aufrichtig, Ronald Reagan."

Vorderseite der Ansichtskarte:
Blick auf das EMPIRE STATE BUILDING (Bürohochhaus in New York;
381 m - mit Fernsehturm fast 449 m hoch)
und auf das CHRYSLER BUILDING

Hyde-Park, New York, Roosevelt Library, 7. Mai 1985

Lieber Bürgermeister Hallet,

Sie haben Ihre Sache im amerikanischen Fernsehen ausgezeichnet gemacht. Wir Amerikaner verwechseln nicht die freundlichen und gastfreundlichen Menschen der Stadt Bitburg mit dem Besuch des Friedhofs. Ihre Bürger und die amerikanischen Familien auf dem US-Luftstützpunkt haben die Freundschaft und Freiheitsliebe unserer beiden Völker praktisch gelebt und bewiesen.

                              Ihr
                              Franklin D. Roosevelt jr.

Auch Karl Carstens und Alois Mertes grüßen Sie und alle Bitburger auf das herzlichste.

Ansichtskarte von Franklin D. Roosevelt jr. vom 7. Mai 1985 (mit Übersetzung) mit Grüßen von Altbundespräsident Karl Carstens und Staatsminister Dr. Alois Mertes.

THE WHITE HOUSE
WASHINGTON

May 20, 1985

The Honorable Theo Hallet
Burgermeister
Bitburg,
Federal Republic of Germany

Dear Mayor Hallet:

Many thanks for all the assistance and cooperation which you gave to me and the other members of The President's advance team while we were in Bitburg. Your help was a real key to ensuring that the visit would be successful.

I know that there were times when our discussions and negotiations were somewhat difficult, but we both understood the enormous attention which The President's visit to Bitburg was receiving and we were able to settle in a friendly way any differences of opinion we may have had. We did what had to be done to make the visit go smoothly.

Let me also express my appreciation for the beautiful beer stein which you gave as a gift. I will use it often (even when I'm not drinking Bitburger pils!) and will remember fondly my days spent in your wonderful city. Hopefully one day I will have the opportunity to bring my wife and family to visit Bitburg.

I will ensure that you receive some of the official White House photographs of The President's visit to Bitburg, but please be patient for they will take some time to get to you. In the meantime, I send along my

Best personal regards,

DAVID HARRIS
Advance Representative
for The President

DH/mlb

Brief von David Harris, dem Voraus-Repräsentanten des Präsidenten, vom 20. Mai 1985.

The White House
Washington

20. Mai 1985

Der ehrenwerte Theo Hallet
Bürgermeister
Bitburg
Bundesrepublik Deutschland

Sehr geehrter Bürgermeister Hallet:

Vielen Dank für die Unterstützung und Zusammenarbeit, die Sie mir und den anderen Mitgliedern des Vorausteams des Präsidenten zuteil werden ließen, während wir in Bitburg waren. Ihre Hilfe war ein wirklicher Schlüssel zum Erfolg dieses Besuches.

Ich weiß, dass es Zeiten gab, in denen unsere Diskussionen und Verhandlungen etwas schwierig waren; aber wir verstanden beide die große Aufmerksamkeit, die dem Präsidentenbesuch in Bitburg geschenkt wurde, und wir konnten alle Meinungsverschiedenheiten, die wir möglicherweise hatten, auf eine vernünftige Art klären. Wir taten was erforderlich war, um den Ablauf des Besuches reibungslos zu gestalten.

Lassen Sie mich auch meinen Dank für den schönen Bierkrug ausdrücken, den Sie als Geschenk überreichten. Ich werde ihn häufig benutzen (auch wenn ich kein Bitburger Pils trinke!) und mich gern an die Tage erinnern, die ich in Ihrer schönen Stadt verbrachte. Hoffentlich werde ich eines Tages die Möglichkeit haben, meine Frau und meine Familie zu einem Besuch in Bitburg mitzubringen.

Ich werde dafür sorgen, dass Sie einige der offiziellen Fotografien des Weißen Hauses vom Besuch des Präsidenten in Bitburg erhalten; aber haben Sie bitte etwas Geduld, da es einige Zeit dauern wird, bis sie Sie erhalten. In der Zwischenzeit sende ich Ihnen meine

besten persönlichen Grüße

David Harris
Repräsentant des Präsidenten

DÉPARTEMENT
DES ARDENNES

ARRONDISSEMENT
DE RETHEL

VILLE
DE
RETHEL
08300

TÉLÉPHONE (24) 39-12-16
39-19-89

Rethel, le 6 MAI 1985

LE MAIRE DE LA VILLE DE RETHEL
CONSEILLER GENERAL
CONSEILLER REGIONAL

à

Monsieur HALLET
Bürgermeister

5520 BITBURG

Cher Collègue,

Je vous prie de trouver ci-après le texte du télégramme que je vous ai adressé le SAMEDI 4 MAI 1985.
Avec mes Amitiés.

P. SIEGEL

TEXTE du TELEGRAMME

En cette période particulière qui vous place sous les phares de l'actualité mondiale, nous tenons à vous signaler que nous sommes près de vous par la pensée.

Ville martyrisée à chaque guerre, RETHEL s'est toujours prononcée pour la réconciliation de nos deux peuples et la paix internationale.

Pierre SIEGEL
Maire de RETHEL
Conseiller Général
Conseiller Régional et ses
Adjoints

```
telegramm    Deutsche Bundespost

4.5.85   11.55   ETSt Bitburg

D  43114 SBKN

D = ZCZC 121 TROYESCAL TEL DE RETHEL 71/66 4 1116 PAGE 1/50

TF65615071
MR HALLET BURGERMEISTER

(5520)BITBURG

EN CETTE PERIODE PARTICULIERE QUI VOUS PLACE SOUS LES PHARES
DE L' ACTUALITE MONDIALE NOUS TENONS A VOUS SIGNALER QUE NOUS SOMMES
PRES DE VOUS PAR LA PENSEE VILLE MARTYRISEE A CHAQUE
GUERRE RETHEL C' EST TOUJOURS PRONONCEE POUR LA RECONCILIATION DE NOS
DEUX PEUPLES
COL TF65615071 5520
```

Telegramm des Bürgermeisters der französischen Partnerstadt Rethel,
Pierre Siegel, vom 4.5.1985 an den Bürgermeister der Stadt Bitburg,
Theo Hallet.

In dieser besonderen Zeit, die Sie ins Rampenlicht weltweiter
Aktualität stellt, legen wir großen Wert darauf, Sie wissen zu
lassen, daß wir Ihnen in Gedanken nahe sind. Rethel, die Stadt,
die in jedem Krieg ein Martyrium erlitten hat, hat sich immer
für die Aussöhnung unserer beiden Völker und für den internationalen
Frieden ausgesprochen.

Pierre Siegel
Bürgermeister von Rethel,
Generalrat, Regionalrat
und seine Beigeordneten

Brief (links) und Telegramm des Bürgermeisters Pierre Siegel aus Rethel (Frankreich) vom 6. Mai 1985 (mit Übersetzung). Bitburg verbindet mit der Stadt Rethel eine jahrzehntelange Partnerschaft.

DER MINISTERPRÄSIDENT DES LANDES RHEINLAND-PFALZ

Mainz, den 10. Mai 1985

Herrn
Bürgermeister
Theo Hallet
Rathausplatz

5520 Bitburg

Sehr geehrter Herr Bürgermeister,

mit dem Besuch des Präsidenten der Vereinigten Staaten von Amerika liegt ein politisch wie atmosphärisch erfolgreicher Besuch hinter uns. Der gewiß nicht einfache Besuch des Präsidenten in Bitburg stand im Blickpunkt der Weltöffentlichkeit. Die Bevölkerung und der Stadtrat von Bitburg haben sich trotz kritischer Stimmen nicht beirren lassen und die Gäste überaus herzlich empfangen. Der Empfang hat den amerikanischen Präsidenten und seine Frau sichtlich berührt.

Es ist mir ein aufrichtiges Bedürfnis, Ihnen, dem gesamten Stadtrat und den Bürgern von Bitburg hierfür meinen herzlichen Dank auszusprechen.

Mit freundlichen Grüßen

Brief des rheinland-pfälzischen Ministerpräsidenten Dr. Bernhard Vogel vom 10. Mai 1985.

XVIII. Nachbetrachtung

Ein halbes Jahr nach dem schwierigen Staatsbesuch kam James Markham, der Chef des Bonner Büros der „New York Times", nochmals nach Bitburg, um sich hier umzusehen und nach Veränderungen Ausschau zu halten. Er konnte feststellen, dass am Volkstrauertag im November 1985 – wie in jedem Jahr seit 1959 - eine Abordnung der Bitburger Amerikaner mit General Robinson und eine Abordnung des Stadtrates mit dem Bürgermeister an der Gedenkfeier für die Opfer von Krieg und Gewaltherrschaft teilnahmen. Markham sah sich auch auf dem Flugplatz um und bemerkte, dass nunmehr neben der amerikanischen auch die deutsche Fahne vor dem Hauptquartier des US-Stützpunktes flatterte. Er entdeckte bei seiner Rundfahrt durch Bitburg einen neuen „Mc Donald's" und erfuhr auf dem Standesamt, dass in der Zwischenzeit neun weitere deutsch-amerikanische Ehen geschlossen wurden.

Über das Äußerliche hinaus zog Markham Bilanz mit den Worten: „Bitburg remembers, but the bitterness is fading" („Bitburg erinnert sich, aber die Bitterkeit lässt nach") – so die Überschrift seines Artikels in der „New York Times" vom 18. Dezember 1985. Kurze Zeit danach übersandte mir das Auswärtige Amt in Bonn einen Ausschnitt aus einem Drahtbericht der deutschen Botschaft in Washington, in dem es unter anderem heißt: „Bonn-Korrespondent Markham lässt in einem ausgewogenen, freundlichen Artikel der Stadt Bitburg acht Monate nach der in den amerikanischen Medien umstrittenen Kranzniederlegung Gerechtigkeit widerfahren. Da dies auf Seite 2 der ‚New York Times' geschieht, wird diese Stimme zur Kenntnis genommen werden."

In einer Stadtratssitzung Ende Mai 1985, in deren Mittelpunkt eine Nachbetrachtung des Besuches von Präsident Reagan und Bundeskanzler Kohl stand, sprach ich der Bitburger Bevölkerung und den Mitgliedern des Stadtrates – von denen nicht wenige der Politik von Kohl und Reagan durchaus kritisch gegenüberstanden – meinen Dank für die geschlossene Unterstützung und für den starken Rückhalt aus. Zu danken hatte ich auch meinen Mitarbeitern, die sich trotz des täglichen Trubels im Rathaus bemühten, keine Spannungen aufkommen zu lassen und die dafür sorgten, dass auch unter ungewohnten Bedingungen das Notwendige getan und erledigt wurde. So ließ es sich zum Beispiel der Bonner Bürochef der „Los Angeles Times", Tyler Marshall, nicht nehmen, vor seiner Rückreise in die USA meiner Sekretärin Agnes Mathey in einem Brief für die Offenheit und Geduld in der Zeit intensivsten Drucks zu danken. Ich kann das nur unterstreichen, denn sie war während dieser Zeit die Anlaufstelle für Journalisten, Korrespondenten und Fernsehteams aus aller Welt und sorgte bis in den späten Abend hinein mit großem Geschick dafür, dass alle Besucher zu ihrem Recht kamen. Nicht vergessen möchte ich meine Frau Martha, die zu Hause Tag für Tag viele Anrufe entgegennahm, Auskunft erteilte und an besonders hektischen Tagen sogar mit einem großen Suppentopf ins Rathaus kam, um uns zwischendurch mit warmem Essen zu versorgen.

Auf Vorschlag der Bitburger Amerikaner bekamen alle, die an der Vorbereitung und Organisation des Staatsbesuches beteiligt waren und für den reibungslosen Ablauf des Besuches sorgten, ein „Certificate of appreciation" – eine von Colonel James Stewart und mir unterschriebene Dankurkunde: die Polizeibeamten und die Sicherheitskräfte, die Mitglieder deutsch-amerikanischer Clubs und die Bitburger Kommunalpolitiker, die Frauengemeinschaften aus Bitburg und Umgebung sowie die engagierten Bürgerinnen und Bürger unserer Stadt. Ich weiß zwar nicht mehr, wer den Text der Dankurkunde seinerzeit verfasst hat (vermutlich stammt er von den Bitburger Amerikanern), aber ich kann mich noch gut daran erinnern, dass diese Dankurkunde damals sehr begehrt war. Erst später fiel mir beim genauen Durchlesen auf, dass im Text die „deutsch-amerikanische Aussöhnung" gar nicht vorkommt – wohl aber die „deutsch-amerikanische Freundschaft".

Es dauerte ziemlich lange, bis ich mich von den hektischen Wochen dieses schwierigen Staatsbesuches und den damit verbundenen Ängsten, Befürchtungen und Zumutungen etwas gelöst und erholt hatte. Abgesehen von der ständigen Angst vor spektakulären Vorkommnissen und Zwischenfällen (insbesondere vor einem

Im Sitzungssaal des Rathauses nach dem Staatsbesuch (von links): Mitarbeiter der Stadtverwaltung, die Beigeordneten und Fraktionsvorsitzenden, Bürgermeister Theo Hallet (sitzend) und neben ihm Sekretärin Agnes Mathey.

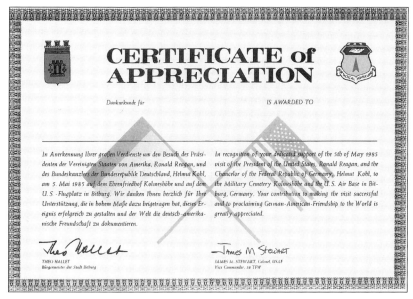

Alle, die an der Vorbereitung und Organisation des Staatsbesuches beteiligt waren, erhielten diese Dankurkunde. Von Colonel Stewart und Bürgermeister Hallet unterschrieben, war sie sehr begehrt.

Der Stadtrat der Stadt Bitburg in seiner Zusammensetzung vom 5. Mai 1985.

Anschlag auf Präsident Reagan), begleitete mich auch die permanente Angst vor einem falschen Zungenschlag, der einem in freier Rede, in Pressekonferenzen und Interviews unterlaufen konnte; und der mich in die Diskussion und unserer Stadt einen neuen Schub negativer Schlagzeilen gebracht hätte. Ich war erstaunt und überrascht, als ich nach dem Besuch feststellte, dass ich von den deutschen Medien fast völlig verschont und nicht attackiert wurde. Damit hatte ich nicht gerechnet, da dies nach meiner Kenntnis in den Medien der USA durchaus anders aussah.

Nicht lange nach dem Staatsbesuch wurde ich von einigen deutschen Veteranenverbänden zu so genannten Kameradschaftstreffen eingeladen. Es lag jedoch nicht in meiner Intention, auf diesem Gebiet aktiv zu werden. Zumal sich abzeichnete, dass Bitburg als „Wallfahrtsort" für begeisterte amerikanische Anhänger des Versöhnungsgedankens und für deutsche Veteranenverbände geradezu in Mode kam. Da zu befürchten war, dass auch unerwünschte Gäste unter den zahlreichen Besuchern sein könnten, empfing ich zwar einzelne US-Bürger und deutsche Veteranen noch eine Zeit lang im Rathaus, erteilte organisierten Gruppen jedoch eine freundliche Absage – denn genug war genug!

Wie stark der Präsidentenbesuch nachwirkte, zeigt die folgende kleine Geschichte: Einige Jahre später begegnete ich in der Stadt einem engagierten Bitburger Geistlichen, der sich lobend über die Absicht des Stadtrates äußerte, vor dem Eingang zum Zivilfriedhof Kolmeshöhe ein Mahnmal an die Zeit der menschenverachtenden NS-Diktatur zu errichten, das von einem Bitburger Künstler gestaltet werden sollte. Im Verlaufe unseres Gespräches fügte er hinzu: „… denn schließlich war ja Reagan hier in Bitburg." Das hörte sich für mich so an, als ob Bitburg etwas wiedergutzumachen hätte, und veranlasste mich zu der Frage: „Ich habe Sie nicht richtig verstanden. Wenn aufgrund dieses Besuches etwas wiedergutzumachen ist – worin besteht denn der spezielle Bitburger Makel?" Ähnliche Äußerungen habe ich besonders nach dem Staatsbesuch mehrmals erlebt – so, als ob der Besuch von Präsident Reagan auf dem Bitburger Soldatenfriedhof etwas Verwerfliches gewesen wäre.

Fehl am Platze war zwar „eine weithin sichtbare Geste der Aussöhnung" – aber der Besuch selbst war niemals verwerflich und auch keinesfalls ein Makel. Jedenfalls ist meine Abneigung gegenüber moralischer Überspanntheit und moralischer Überheblichkeit seitdem von Tag zu Tag gewachsen.

Quellenverzeichnis

- Privatarchiv des Verfassers
- Städtisches Archiv Bitburg
- „Bulletin des Presse- und Informationsamtes der Bundesregierung", Nr. 49 vom 7. Mai 1985, S. 419 ff.
- „Flugplatz Bitburg – Air Base Bitburg" (Herausgeber: Zweckverband Flugplatz Bitburg)
- „Trierischer Volksfreund", Trier
- Stiftung 20. Juli 1944, Berlin
- Materialien zur Politischen Bildung; Friedrich-Naumann-Stiftung (Report 1986)
- Metropol-Gesellschaft E. Matthess & Co., Berlin, Zeitungsausschnittsbüro

Fotonachweis

- Official Photograph White House Washington
- Presse- und Informationsamt der Bundesregierung – Bundesbildstelle
- Privatarchiv des Verfassers
- Städtisches Bildarchiv Bitburg
- Bildbroschüre „Der Besuch" (Herausgeber: Stadtverwaltung Bitburg)
- Heinz Drossard, Bitburg
- Matthias Heinz, Bitburg

Die Anfänge der Demokratie in Deutschland

Jürgen Riethmüller

ISBN 3-89702-343-1
17,90 € [D]

Unbegrenzte Möglichkeiten?
Europa und die Vereinigten Staaten

Charles S. Maier

ISBN 3-89702-732-1
7,90 € [D]

Entlang der Mosel.
Von Koblenz bis Trier
1880–1920

Karl-Josef Gilles

ISBN 3-89702-681-3
17,90 € [D]

Zeitsprünge Wittlich

Klaus Petry

ISBN 3-89702-725-9
17,90 € [D]

Buchhinweise

Universität Trier

Heidi Neyses und Horst Mühleisen

ISBN 3-89702-327-X
17,90 € [D]

Echternach
und Umgebung

Solange Coussement

ISBN 2-84253-375-5
17,90 € [D]